HINDI WOORDENSCHAT
nieuwe woorden leren

T&P Books woordenlijsten zijn bedoeld om u te helpen vreemde woorden te leren, te onthouden, en te bestuderen. De woordenschat bevat meer dan 3000 veel gebruikte woorden die thematisch geordend zijn.

- De woordenlijst bevat de meest gebruikte woorden
- Aanbevolen als aanvulling bij welke taalcursus dan ook
- Voldoet aan de behoeften van de beginnende en gevorderde student in vreemde talen
- Geschikt voor dagelijks gebruik, bestudering en zelftestactiviteiten
- Maakt het mogelijk om uw woordenschat te evalueren

Bijzondere kenmerken van de woordenschat

- De woorden zijn gerangschikt naar hun betekenis, niet volgens alfabet
- De woorden worden weergegeven in drie kolommen om bestudering en zelftesten te vergemakkelijken
- Woorden in groepen worden verdeeld in kleine blokken om het leerproces te vergemakkelijken
- De woordenschat biedt een handige en eenvoudige beschrijving van elk buitenlands woord

De woordenschat bevat 101 onderwerpen zoals:

Basisconcepten, getallen, kleuren, maanden, seizoenen, meeteenheden, kleding en accessoires, eten & voeding, restaurant, familieleden, verwanten, karakter, gevoelens, emoties, ziekten, stad, dorp, bezienswaardigheden, winkelen, geld, huis, thuis, kantoor, werken op kantoor, import & export, marketing, werk zoeken, sport, onderwijs, computer, internet, gereedschap, natuur, landen, nationaliteiten en meer ...

INHOUDSOPGAVE

Uitspraakgids 8
Afkortingen 10

BASISBEGRIPPEN 11

1. Voornaamwoorden 11
2. Begroetingen. Begroetingen 11
3. Vragen 12
4. Voorzetsels 12
5. Functiewoorden. Bijwoorden. Deel 1 13
6. Functiewoorden. Bijwoorden. Deel 2 14

GETALLEN. DIVERSEN 16

7. Kardinale getallen. Deel 1 16
8. Kardinale getallen. Deel 2 17
9. Ordinale getallen 17

KLEUREN. MEETEENHEDEN 18

10. Kleuren 18
11. Meeteenheden 18
12. Containers 19

BELANGRIJKSTE WERKWOORDEN 21

13. De belangrijkste werkwoorden. Deel 1 21
14. De belangrijkste werkwoorden. Deel 2 22
15. De belangrijkste werkwoorden. Deel 3 22
16. De belangrijkste werkwoorden. Deel 4 23

TIJD. KALENDER 25

17. Dagen van de week 25
18. Uren. Dag en nacht 25
19. Maanden. Seizoenen 26

REIZEN. HOTEL 29

20. Trip. Reizen 29
21. Hotel 29
22. Bezienswaardigheden 30

VERVOER 32

23. Vliegveld 32
24. Vliegtuig 33
25. Trein 33
26. Schip 34

STAD 37

27. Stedelijk vervoer 37
28. Stad. Het leven in de stad 38
29. Stedelijke instellingen 39
30. Borden 40
31. Winkelen 41

KLEDING EN ACCESSOIRES 43

32. Bovenkleding. Jassen 43
33. Heren & dames kleding 43
34. Kleding. Ondergoed 44
35. Hoofddeksels 44
36. Schoeisel 44
37. Persoonlijke accessoires 45
38. Kleding. Diversen 45
39. Persoonlijke verzorging. Schoonheidsmiddelen 46
40. Horloges. Klokken 47

ALLEDAAGSE ERVARING 48

41. Geld 48
42. Post. Postkantoor 49
43. Bankieren 49
44. Telefoon. Telefoongesprek 50
45. Mobiele telefoon 51
46. Schrijfbehoeften 51
47. Vreemde talen 52

MAALTIJDEN. RESTAURANT 54

48. Tafelschikking 54
49. Restaurant 54
50. Maaltijden 54
51. Bereide gerechten 55
52. Voedsel 56

53. Drankjes 58
54. Groenten 59
55. Vruchten. Noten 60
56. Brood. Snoep 60
57. Kruiden 61

PERSOONLIJKE INFORMATIE. FAMILIE 62

58. Persoonlijke informatie. Formulieren 62
59. Familieleden. Verwanten 62
60. Vrienden. Collega's 63

MENSELIJK LICHAAM. GENEESKUNDE 65

61. Hoofd 65
62. Menselijk lichaam 66
63. Ziekten 66
64. Symptomen. Behandelingen. Deel 1 68
65. Symptomen. Behandelingen. Deel 2 69
66. Symptomen. Behandelingen. Deel 3 70
67. Geneeskunde. Medicijnen. Accessoires 70

APPARTEMENT 72

68. Appartement 72
69. Meubels. Interieur 72
70. Beddengoed 73
71. Keuken 73
72. Badkamer 74
73. Huishoudelijke apparaten 75

DE AARDE. WEER 76

74. De kosmische ruimte 76
75. De Aarde 77
76. Windrichtingen 77
77. Zee. Oceaan 78
78. Namen van zeeën en oceanen 79
79. Bergen 80
80. Bergen namen 81
81. Rivieren 81
82. Namen van rivieren 82
83. Bos 82
84. Natuurlijke hulpbronnen 83
85. Weer 84
86. Zwaar weer. Natuurrampen 85

FAUNA 87

87. Zoogdieren. Roofdieren 87
88. Wilde dieren 87

89. Huisdieren 88
90. Vogels 89
91. Vis. Zeedieren 91
92. Amfibieën. Reptielen 91
93. Insecten 92

FLORA 93

94. Bomen 93
95. Heesters 93
96. Vruchten. Bessen 94
97. Bloemen. Planten 95
98. Granen, graankorrels 96

LANDEN VAN DE WERELD 97

99. Landen. Deel 1 97
100. Landen. Deel 2 98
101. Landen. Deel 3 98

UITSPRAAKGIDS

Letter	Hindi voorbeeld	T&P fonetisch alfabet	Nederlands voorbeeld

Klinkers

अ	अक्सर	[a]; [ɑ], [ə]	acht; formule
आ	आगमन	[a:]	aan, maart
इ	इनाम	[i]	bidden, tint
ई	ईश्वर	[i], [i:]	bidden, lila
उ	उठना	[ʊ]	hoed, doe
ऊ	ऊपर	[u:]	fuut, uur
ऋ	ऋग्वेद	[r, rʲ]	bericht
ए	एकता	[e:]	twee, ongeveer
ऐ	ऐनक	[aj]	byte, majoor
ओ	ओला	[o:]	rood, knoop
औ	औरत	[au]	blauw
अं	अंजीर	[ŋ]	optelling, jongeman
अः	अ से अः	[h]	het, herhalen
ऑ	ऑफिस	[ɒ]	Fries - 'hanne'

Medeklinkers

क	कमरा	[k]	kennen, kleur
ख	खिड़की	[kh]	deukhoed, Stockholm
ग	गरज	[g]	goal, tango
घ	घर	[gh]	[g] met aspiratie
ङ	ङाकू	[ŋ]	optelling, jongeman
च	चक्कर	[ʧ]	Tsjechië, cello
छ	छात्र	[ʧh]	aspiraat [tsch]
ज	जाना	[ʤ]	jeans, jungle
झ	झलक	[ʤ]	jeans, jungle
ञ	विज्ञान	[ɲ]	cognac, nieuw
ट	मटर	[t]	tomaat, taart
ठ	ठेका	[th]	luchthaven, stadhuis
ड	डंडा	[d]	Dank u, honderd
ढ	ढलान	[d]	Dank u, honderd
ण	क्षण	[n]	De retroflexe nasaal
त	ताकत	[t]	tomaat, taart
थ	थकना	[th]	luchthaven, stadhuis
द	दरवाज़ा	[d]	Dank u, honderd
ध	धोना	[d]	Dank u, honderd
न	नाई	[n]	nemen, zonder

Letter	Hindi voorbeeld	T&P fonetisch alfabet	Nederlands voorbeeld
प	पिता	[p]	parallel, koper
फ	फल	[f]	feestdag, informeren
ब	बच्चा	[b]	hebben
भ	भाई	[b]	hebben
म	माता	[m]	morgen, etmaal
य	याद	[j]	New York, januari
र	रीछ	[r]	roepen, breken
ल	लाल	[l]	delen, luchter
व	वचन	[v]	beloven, schrijven
श	शिक्षक	[ʃ]	shampoo, machine
ष	भाषा	[ʃ]	shampoo, machine
स	सोना	[s]	spreken, kosten
ह	हज़ार	[h]	het, herhalen

Aanvullende medeklinkers

क़	क़लम	[q]	kennen, kleur
ख़	ख़बर	[h]	het, herhalen
ड़	लड़का	[r]	roepen, breken
ढ़	पढ़ना	[r]	roepen, breken
ग़	ग़लती	[ɣ]	liegen, gaan
ज़	ज़िन्दगी	[z]	zeven, zesde
झ़	ट्रेझ़र	[ʒ]	journalist, rouge
फ़	फ़ौज	[f]	feestdag, informeren

AFKORTINGEN gebruikt in de woordenschat

Nederlandse afkortingen

abn	-	als bijvoeglijk naamwoord
bijv.	-	bijvoorbeeld
bn	-	bijvoeglijk naamwoord
bw	-	bijwoord
enk.	-	enkelvoud
enz.	-	enzovoort
form.	-	formele taal
inform.	-	informele taal
mann.	-	mannelijk
mil.	-	militair
mv.	-	meervoud
on.ww.	-	onovergankelijk werkwoord
ontelb.	-	ontelbaar
ov.	-	over
ov.ww.	-	overgankelijk werkwoord
telb.	-	telbaar
vn	-	voornaamwoord
vrouw.	-	vrouwelijk
vw	-	voegwoord
vz	-	voorzetsel
wisk.	-	wiskunde
ww	-	werkwoord

Nederlandse artikelen

de	-	gemeenschappelijk geslacht
de/het	-	gemeenschappelijk geslacht, onzijdig
het	-	onzijdig

Hindi afkortingen

f	-	vrouwelijk zelfstandig naamwoord
f pl	-	vrouwelijk meervoud
m	-	mannelijk zelfstandig naamwoord
m pl	-	mannelijk meervoud

BASISBEGRIPPEN

1. Voornaamwoorden

ik	मैं	main
jij, je	तुम	tum
hij, zij, het	वह	vah
wij, we	हम	ham
jullie	आप	āp
zij, ze	वे	ve

2. Begroetingen. Begroetingen

Hallo! Dag!	नमस्कार!	namaskār!
Hallo!	नमस्ते!	namaste!
Goedemorgen!	नमस्ते!	namaste!
Goedemiddag!	नमस्ते!	namaste!
Goedenavond!	नमस्ते!	namaste!
gedag zeggen (groeten)	नमस्कार कहना	namaskār kahana
Hoi!	नमस्कार!	namaskār!
groeten (het)	अभिवादन (m)	abhivādan
verwelkomen (ww)	अभिवादन करना	abhivādan karana
Hoe gaat het?	आप कैसे हैं?	āp kaise hain?
Is er nog nieuws?	क्या हाल है?	kya hāl hai?
Dag! Tot ziens!	अलविदा!	alavida!
Tot snel! Tot ziens!	फिर मिलेंगे!	fir milenge!
Vaarwel! (inform.)	अलिवदा!	alivada!
Vaarwel! (form.)	अलविदा!	alavida!
afscheid nemen (ww)	अलविदा कहना	alavida kahana
Tot kijk!	अलविदा!	alavida!
Dank u!	धन्यवाद!	dhanyavād!
Dank u wel!	बहुत बहुत शुक्रिया!	bahut bahut shukriya!
Graag gedaan	कोई बात नहीं	koī bāt nahin
Geen dank!	कोई बात नहीं	koī bāt nahin
Geen moeite.	कोई बात नहीं	koī bāt nahin
Excuseer me, ... (inform.)	माफ़ कीजिएगा!	māf kījiega!
Excuseer me, ... (form.)	माफ़ी कीजियेगा!	māfī kījiyega!
excuseren (verontschuldigen)	माफ़ करना	māf karana
zich verontschuldigen	माफ़ी मांगना	māfī māngana
Mijn excuses.	मुझे माफ़ कीजिएगा	mujhe māf kījiega
Het spijt me!	मुझे माफ़ कीजिएगा!	mujhe māf kījiega!
vergeven (ww)	माफ़ करना	māf karana

alsjeblieft	कृप्या	krpya
Vergeet het niet!	भूलना नहीं!	bhūlana nahin!
Natuurlijk!	ज़रूर!	zarūr!
Natuurlijk niet!	बिल्कुल नहीं!	bilkul nahin!
Akkoord!	ठीक है!	thīk hai!
Zo is het genoeg!	बहुत हुआ!	bahut hua!

3. Vragen

Wie?	कौन?	kaun?
Wat?	क्या?	kya?
Waar?	कहाँ?	kahān?
Waarheen?	किधर?	kidhar?
Waar ... vandaan?	कहाँ से?	kahān se?
Wanneer?	कब?	kab?
Waarom?	क्यों?	kyon?
Waarom?	क्यों?	kyon?
Waarvoor dan ook?	किस लिये?	kis liye?
Hoe?	कैसे?	kaise?
Wat voor ...?	कौन-सा?	kaun-sa?
Welk?	कौन-सा?	kaun-sa?
Aan wie?	किसको?	kisako?
Over wie?	किसके बारे में?	kisake bāre men?
Waarover?	किसके बारे में?	kisake bāre men?
Met wie?	किसके?	kisake?
Hoeveel?	कितना?	kitana?
Van wie? (mann.)	किसका?	kisaka?

4. Voorzetsels

met (bijv. ~ beleg)	के साथ	ke sāth
zonder (~ accent)	के बिना	ke bina
naar (in de richting van)	की तरफ़	kī taraf
over (praten ~)	के बारे में	ke bāre men
voor (in tijd)	के पहले	ke pahale
voor (aan de voorkant)	के सामने	ke sāmane
onder (lager dan)	के नीचे	ke nīche
boven (hoger dan)	के ऊपर	ke ūpar
op (bovenop)	पर	par
van (uit, afkomstig van)	से	se
van (gemaakt van)	से	se
over (bijv. ~ een uur)	में	men
over (over de bovenkant)	के ऊपर चढ़कर	ke ūpar charhakar

5. Functiewoorden. Bijwoorden. Deel 1

Waar?	कहाँ?	kahān?
hier (bw)	यहाँ	yahān
daar (bw)	वहां	vahān
ergens (bw)	कहीं	kahīn
nergens (bw)	कहीं नहीं	kahīn nahin
bij ... (in de buurt)	के पास	ke pās
bij het raam	खिड़की के पास	khirakī ke pās
Waarheen?	किधर?	kidhar?
hierheen (bw)	इधर	idhar
daarheen (bw)	उधर	udhar
hiervandaan (bw)	यहां से	yahān se
daarvandaan (bw)	वहां से	vahān se
dichtbij (bw)	पास	pās
ver (bw)	दूर	dūr
in de buurt (van ...)	निकट	nikat
vlakbij (bw)	पास	pās
niet ver (bw)	दूर नहीं	dūr nahin
linker (bn)	बायाँ	bāyān
links (bw)	बायीं तरफ़	bāyīn taraf
linksaf, naar links (bw)	बायीं तरफ़	bāyīn taraf
rechter (bn)	दायां	dāyān
rechts (bw)	दायीं तरफ़	dāyīn taraf
rechtsaf, naar rechts (bw)	दायीं तरफ़	dāyīn taraf
vooraan (bw)	सामने	sāmane
voorste (bn)	सामने का	sāmane ka
vooruit (bw)	आगे	āge
achter (bw)	पीछे	pīchhe
van achteren (bw)	पीछे से	pīchhe se
achteruit (naar achteren)	पीछे	pīchhe
midden (het)	बीच (m)	bīch
in het midden (bw)	बीच में	bīch men
opzij (bw)	कोने में	kone men
overal (bw)	सभी	sabhī
omheen (bw)	आस-पास	ās-pās
binnenuit (bw)	अंदर से	andar se
naar ergens (bw)	कहीं	kahīn
rechtdoor (bw)	सीधे	sīdhe
terug (bijv. ~ komen)	वापस	vāpas
ergens vandaan (bw)	कहीं से भी	kahīn se bhī
ergens vandaan (en dit geld moet ~ komen)	कहीं से	kahīn se

ten eerste (bw)	पहले	pahale
ten tweede (bw)	दूसरा	dūsara
ten derde (bw)	तीसरा	tīsara
plotseling (bw)	अचानक	achānak
in het begin (bw)	शुरू में	shurū men
voor de eerste keer (bw)	पहली बार	pahalī bār
lang voor … (bw)	बहुत समय पहले …	bahut samay pahale …
opnieuw (bw)	नई शुरुआत	naī shurūāt
voor eeuwig (bw)	हमेशा के लिए	hamesha ke lie
nooit (bw)	कभी नहीं	kabhī nahin
weer (bw)	फिर से	fir se
nu (bw)	अब	ab
vaak (bw)	अकसर	akasar
toen (bw)	तब	tab
urgent (bw)	तत्काल	tatkāl
meestal (bw)	आमतौर पर	āmataur par
trouwens, … (tussen haakjes)	प्रसंगवश	prasangavash
mogelijk (bw)	मुमकिन	mumakin
waarschijnlijk (bw)	संभव	sambhav
misschien (bw)	शायद	shāyad
trouwens (bw)	इस के अलावा	is ke alāva
daarom …	इस लिए	is lie
in weerwil van …	फिर भी …	fir bhī …
dankzij …	… की मेहरबानी से	… kī meharabānī se
wat (vn)	क्या	kya
dat (vw)	कि	ki
iets (vn)	कुछ	kuchh
iets	कुछ भी	kuchh bhī
niets (vn)	कुछ नहीं	kuchh nahin
wie (~ is daar?)	कौन	kaun
iemand (een onbekende)	कोई	koī
iemand (een bepaald persoon)	कोई	koī
niemand (vn)	कोई नहीं	koī nahin
nergens (bw)	कहीं नहीं	kahīn nahin
niemands (bn)	किसी का नहीं	kisī ka nahin
iemands (bn)	किसी का	kisī ka
zo (Ik ben ~ blij)	कितना	kitana
ook (evenals)	भी	bhī
alsook (eveneens)	भी	bhī

6. Functiewoorden. Bijwoorden. Deel 2

Waarom?	क्यों?	kyon?
om een bepaalde reden	किसी कारणवश	kisī kāranavash
omdat …	क्यों कि …	kyon ki …

voor een bepaald doel	किसी वजह से	kisī vajah se
en (vw)	और	aur
of (vw)	या	ya
maar (vw)	लेकिन	lekin
voor (vz)	के लिए	ke lie
te (~ veel mensen)	ज़्यादा	zyāda
alleen (bw)	सिर्फ़	sirf
precies (bw)	ठीक	thīk
ongeveer (~ 10 kg)	करीब	karīb
omstreeks (bw)	लगभग	lagabhag
bij benadering (bn)	अनुमानित	anumānit
bijna (bw)	करीब	karīb
rest (de)	बाक़ी	bāqī
elk (bn)	हर एक	har ek
om het even welk	कोई	koī
veel (grote hoeveelheid)	बहुत	bahut
veel mensen	बहुत लोग	bahut log
iedereen (alle personen)	सभी	sabhī
in ruil voor ...	... के बदले में	... ke badale men
in ruil (bw)	की जगह	kī jagah
met de hand (bw)	हाथ से	hāth se
onwaarschijnlijk (bw)	शायद ही	shāyad hī
waarschijnlijk (bw)	शायद	shāyad
met opzet (bw)	जानबूझकर	jānabūjhakar
toevallig (bw)	संयोगवश	sanyogavash
zeer (bw)	बहुत	bahut
bijvoorbeeld (bw)	उदाहरण के लिए	udāharan ke lie
tussen (~ twee steden)	के बीच	ke bīch
tussen (te midden van)	में	men
zoveel (bw)	इतना	itana
vooral (bw)	ख़ासतौर पर	khāsataur par

GETALLEN. DIVERSEN

7. Kardinale getallen. Deel 1

nul	ज़ीरो	zīro
een	एक	ek
twee	दो	do
drie	तीन	tīn
vier	चार	chār
vijf	पाँच	pānch
zes	छह	chhah
zeven	सात	sāt
acht	आठ	āth
negen	नौ	nau
tien	दस	das
elf	ग्यारह	gyārah
twaalf	बारह	bārah
dertien	तेरह	terah
veertien	चौदह	chaudah
vijftien	पन्द्रह	pandrah
zestien	सोलह	solah
zeventien	सत्रह	satrah
achttien	अठारह	athārah
negentien	उन्नीस	unnīs
twintig	बीस	bīs
eenentwintig	इक्कीस	ikkīs
tweeëntwintig	बाईस	baīs
drieëntwintig	तेईस	teīs
dertig	तीस	tīs
eenendertig	इकत्तीस	ikattīs
tweeëndertig	बत्तीस	battīs
drieëndertig	तैंतीस	taintīs
veertig	चालीस	chālīs
eenenveertig	इकतालीस	iktālīs
tweeënveertig	बयालीस	bayālīs
drieënveertig	तैंतालीस	taintālīs
vijftig	पचास	pachās
eenenvijftig	इक्यावन	ikyāvan
tweeënvijftig	बावन	bāvan
drieënvijftig	तिरपन	tirapan
zestig	साठ	sāth
eenenzestig	इकसठ	ikasath

tweeënzestig	बासठ	bāsath
drieënzestig	तिरसठ	tirasath
zeventig	सत्तर	sattar
eenenzeventig	इकहत्तर	ikahattar
tweeënzeventig	बहत्तर	bahattar
drieënzeventig	तिहत्तर	tihattar
tachtig	अस्सी	assī
eenentachtig	इक्यासी	ikyāsī
tweeëntachtig	बयासी	bayāsī
drieëntachtig	तिरासी	tirāsī
negentig	नब्बे	nabbe
eenennegentig	इक्यानवे	ikyānave
tweeënnegentig	बानवे	bānave
drieënnegentig	तिरानवे	tirānave

8. Kardinale getallen. Deel 2

honderd	सौ	sau
tweehonderd	दो सौ	do sau
driehonderd	तीन सौ	tīn sau
vierhonderd	चार सौ	chār sau
vijfhonderd	पाँच सौ	pānch sau
zeshonderd	छह सौ	chhah sau
zevenhonderd	सात सो	sāt so
achthonderd	आठ सौ	āth sau
negenhonderd	नौ सौ	nau sau
duizend	एक हज़ार	ek hazār
tweeduizend	दो हज़ार	do hazār
drieduizend	तीन हज़ार	tīn hazār
tienduizend	दस हज़ार	das hazār
honderdduizend	एक लाख	ek lākh
miljoen (het)	दस लाख (m)	das lākh
miljard (het)	अरब (m)	arab

9. Ordinale getallen

eerste (bn)	पहला	pahala
tweede (bn)	दूसरा	dūsara
derde (bn)	तीसरा	tīsara
vierde (bn)	चौथा	chautha
vijfde (bn)	पाँचवाँ	pānchavān
zesde (bn)	छठा	chhatha
zevende (bn)	सातवाँ	sātavān
achtste (bn)	आठवाँ	āthavān
negende (bn)	नौवाँ	nauvān
tiende (bn)	दसवाँ	dasavān

KLEUREN. MEETEENHEDEN

10. Kleuren

kleur (de)	रंग (m)	rang
tint (de)	रंग (m)	rang
kleurnuance (de)	रंग (m)	rang
regenboog (de)	इन्द्रधनुष (f)	indradhanush
wit (bn)	सफ़ेद	safed
zwart (bn)	काला	kāla
grijs (bn)	धूसर	dhūsar
groen (bn)	हरा	hara
geel (bn)	पीला	pīla
rood (bn)	लाल	lāl
blauw (bn)	नीला	nīla
lichtblauw (bn)	हल्का नीला	halka nīla
roze (bn)	गुलाबी	gulābī
oranje (bn)	नारंगी	nārangī
violet (bn)	बैंगनी	bainganī
bruin (bn)	भूरा	bhūra
goud (bn)	सुनहरा	sunahara
zilverkleurig (bn)	चांदी-जैसा	chāndī-jaisa
beige (bn)	हल्का भूरा	halka bhūra
roomkleurig (bn)	क्रीम	krīm
turkoois (bn)	फ़ीरोज़ी	fīrozī
kersrood (bn)	चेरी जैसा लाल	cherī jaisa lāl
lila (bn)	हल्का बैंगनी	halka bainganī
karmijnrood (bn)	गहरा लाल	gahara lāl
licht (bn)	हल्का	halka
donker (bn)	गहरा	gahara
fel (bn)	चमकीला	chamakīla
kleur-, kleurig (bn)	रंगीन	rangīn
kleuren- (abn)	रंगीन	rangīn
zwart-wit (bn)	काला-सफ़ेद	kāla-safed
eenkleurig (bn)	एक रंग का	ek rang ka
veelkleurig (bn)	बहुरंगी	bahurangī

11. Meeteenheden

gewicht (het)	वज़न (m)	vazan
lengte (de)	लम्बाई (f)	lambaī

breedte (de)	चौड़ाई (f)	chauraī
hoogte (de)	ऊंचाई (f)	ūnchaī
diepte (de)	गहराई (f)	gaharaī
volume (het)	घनत्व (f)	ghanatv
oppervlakte (de)	क्षेत्रफल (m)	kshetrafal
gram (het)	ग्राम (m)	grām
milligram (het)	मिलीग्राम (m)	milīgrām
kilogram (het)	किलोग्राम (m)	kilogrām
ton (duizend kilo)	टन (m)	tan
pond (het)	पौण्ड (m)	paund
ons (het)	औन्स (m)	auns
meter (de)	मीटर (m)	mītar
millimeter (de)	मिलीमीटर (m)	milīmītar
centimeter (de)	सेंटीमीटर (m)	sentīmītar
kilometer (de)	किलोमीटर (m)	kilomītar
mijl (de)	मील (m)	mīl
duim (de)	इंच (m)	inch
voet (de)	फुट (m)	fut
yard (de)	गज (m)	gaj
vierkante meter (de)	वर्ग मीटर (m)	varg mītar
hectare (de)	हेक्टेयर (m)	hekteyar
liter (de)	लीटर (m)	lītar
graad (de)	डिग्री (m)	digrī
volt (de)	वोल्ट (m)	volt
ampère (de)	ऐम्पेयर (m)	aimpeyar
paardenkracht (de)	अश्व शक्ति (f)	ashv shakti
hoeveelheid (de)	मात्रा (f)	mātra
een beetje ...	कुछ ...	kuchh ...
helft (de)	आधा (m)	ādha
dozijn (het)	दर्जन (m)	darjan
stuk (het)	टुकड़ा (m)	tukara
afmeting (de)	माप (m)	māp
schaal (bijv. ~ van 1 op 50)	पैमाना (m)	paimāna
minimaal (bn)	न्यूनतम	nyūnatam
minste (bn)	सब से छोटा	sab se chhota
medium (bn)	मध्य	madhy
maximaal (bn)	अधिकतम	adhikatam
grootste (bn)	सबसे बड़ा	sabase bara

12. Containers

glazen pot (de)	शीशी (f)	shīshī
blik (conserven~)	डिब्बा (m)	dibba
emmer (de)	बाल्टी (f)	bāltī
ton (bijv. regenton)	पीपा (m)	pīpa
ronde waterbak (de)	चिलमची (f)	chilamachī

tank (bijv. watertank-70-ltr)	कुण्ड (m)	kund
heupfles (de)	फ़्लास्क (m)	flāsk
jerrycan (de)	जेरिकैन (m)	jerikain
tank (bijv. ketelwagen)	टंकी (f)	tankī
beker (de)	मग (m)	mag
kopje (het)	प्याली (f)	pyālī
schoteltje (het)	सॉसर (m)	sosar
glas (het)	गिलास (m)	gilās
wijnglas (het)	वाइन गिलास (m)	vain gilās
steelpan (de)	सॉसपैन (m)	sosapain
fles (de)	बोतल (f)	botal
flessenhals (de)	गला (m)	gala
karaf (de)	जग (m)	jag
kruik (de)	सुराही (f)	surāhī
vat (het)	बरतन (m)	baratan
pot (de)	घड़ा (m)	ghara
vaas (de)	फूलदान (m)	fūladān
flacon (de)	शीशी (f)	shīshī
flesje (het)	शीशी (f)	shīshī
tube (bijv. ~ tandpasta)	ट्यूब (m)	tyūb
zak (bijv. ~ aardappelen)	थैला (m)	thaila
tasje (het)	थैली (f)	thailī
pakje (~ sigaretten, enz.)	पैकेट (f)	paiket
doos (de)	डिब्बा (m)	dibba
kist (de)	डिब्बा (m)	dibba
mand (de)	टोकरी (f)	tokarī

BELANGRIJKSTE WERKWOORDEN

13. De belangrijkste werkwoorden. Deel 1

aanbevelen (ww)	सिफ़ारिश करना	sifārish karana
aandringen (ww)	आग्रह करना	āgrah karana
aankomen (per auto, enz.)	पहुँचना	pahunchana
aanraken (ww)	छूना	chhūna
adviseren (ww)	सलाह देना	salāh dena
afdalen (on.ww.)	उतरना	utarana
afslaan (naar rechts ~)	मुड़ जाना	mur jāna
antwoorden (ww)	जवाब देना	javāb dena
bang zijn (ww)	डरना	darana
bedreigen (bijv. met een pistool)	धमकाना	dhamakāna
bedriegen (ww)	धोखा देना	dhokha dena
beëindigen (ww)	ख़त्म करना	khatm karana
beginnen (ww)	शुरू करना	shurū karana
begrijpen (ww)	समझना	samajhana
beheren (managen)	प्रबंधन करना	prabandhan karana
beledigen (met scheldwoorden)	अपमान करना	apamān karana
beloven (ww)	वचन देना	vachan dena
bereiden (koken)	खाना बनाना	khāna banāna
bespreken (spreken over)	चर्चा करना	charcha karana
bestellen (eten ~)	ऑर्डर करना	ordar karana
bestraffen (een stout kind ~)	सज़ा देना	saza dena
betalen (ww)	दाम चुकाना	dām chukāna
betekenen (beduiden)	अर्थ होना	arth hona
betreuren (ww)	अफ़सोस जताना	afasos jatāna
bevallen (prettig vinden)	पसंद करना	pasand karana
bevelen (mil.)	हुक्म देना	hukm dena
bevrijden (stad, enz.)	आज़ाद करना	āzād karana
bewaren (ww)	रखना	rakhana
bezitten (ww)	मालिक होना	mālik hona
bidden (praten met God)	दुआ देना	dua dena
binnengaan (een kamer ~)	अंदर आना	andar āna
breken (ww)	तोड़ना	torana
controleren (ww)	नियंत्रित करना	niyantrit karana
creëren (ww)	बनाना	banāna
deelnemen (ww)	भाग लेना	bhāg lena
denken (ww)	सोचना	sochana
doden (ww)	मार डालना	mār dālana

doen (ww)	करना	karana
dorst hebben (ww)	प्यास लगना	pyās lagana

14. De belangrijkste werkwoorden. Deel 2

een hint geven	इशारा करना	ishāra karana
eisen (met klem vragen)	माँगना	māngana
existeren (bestaan)	होना	hona
gaan (te voet)	जाना	jāna
gaan zitten (ww)	बैठना	baithana
gaan zwemmen	तैरना	tairana
geven (ww)	देना	dena
glimlachen (ww)	मुस्कुराना	muskurāna
goed raden (ww)	अंदाज़ा लगाना	andāza lagāna
grappen maken (ww)	मज़ाक करना	mazāk karana
graven (ww)	खोदना	khodana
hebben (ww)	होना	hona
helpen (ww)	मदद करना	madad karana
herhalen (opnieuw zeggen)	दोहराना	doharāna
honger hebben (ww)	भूख लगना	bhūkh lagana
hopen (ww)	आशा करना	āsha karana
horen (waarnemen met het oor)	सुनना	sunana
huilen (wenen)	रोना	rona
huren (huis, kamer)	किराए पर लेना	kirae par lena
informeren (informatie geven)	खबर देना	khabar dena
instemmen (akkoord gaan)	राज़ी होना	rāzī hona
jagen (ww)	शिकार करना	shikār karana
kennen (kennis hebben van iemand)	जानना	jānana
kiezen (ww)	चुनना	chunana
klagen (ww)	शिकायत करना	shikāyat karana
kosten (ww)	दाम होना	dām hona
kunnen (ww)	सकना	sakana
lachen (ww)	हंसना	hansana
laten vallen (ww)	गिराना	girāna
lezen (ww)	पढ़ना	parhana
liefhebben (ww)	प्यार करना	pyār karana
lunchen (ww)	दोपहर का भोजन करना	dopahar ka bhojan karana
nemen (ww)	लेना	lena
nodig zijn (ww)	आवश्यक होना	āvashyak hona

15. De belangrijkste werkwoorden. Deel 3

onderschatten (ww)	कम मूल्यांकन करना	kam mūlyānkan karana
ondertekenen (ww)	हस्ताक्षर करना	hastākshar karana

ontbijten (ww)	नाश्ता करना	nāshta karana
openen (ww)	खोलना	kholana
ophouden (ww)	बंद करना	band karana
opmerken (zien)	देखना	dekhana
opscheppen (ww)	डींग मारना	dīng mārana
opschrijven (ww)	लिख लेना	likh lena
plannen (ww)	योजना बनाना	yojana banāna
prefereren (verkiezen)	तरजीह देना	tarajīh dena
proberen (trachten)	कोशिश करना	koshish karana
redden (ww)	बचाना	bachāna
rekenen op ...	भरोसा रखना	bharosa rakhana
rennen (ww)	दौड़ना	daurana
reserveren (een hotelkamer ~)	बुक करना	buk karana
roepen (om hulp)	बुलाना	bulāna
schieten (ww)	गोली चलाना	golī chalāna
schreeuwen (ww)	चिल्लाना	chillāna
schrijven (ww)	लिखना	likhana
souperen (ww)	रात्रिभोज करना	rātribhoj karana
spelen (kinderen)	खेलना	khelana
spreken (ww)	बोलना	bolana
stelen (ww)	चुराना	churāna
stoppen (pauzeren)	रुकना	rukana
studeren (Nederlands ~)	पढ़ाई करना	parhaī karana
sturen (zenden)	भेजना	bhejana
tellen (optellen)	गिनना	ginana
toebehoren ...	स्वामी होना	svāmī hona
toestaan (ww)	अनुमति देना	anumati dena
tonen (ww)	दिखाना	dikhāna
twijfelen (onzeker zijn)	शक करना	shak karana
uitgaan (ww)	बाहर जाना	bāhar jāna
uitnodigen (ww)	आमंत्रित करना	āmantrit karana
uitspreken (ww)	उच्चारण करना	uchchāran karana
uitvaren tegen (ww)	डाँटना	dāntana

16. De belangrijkste werkwoorden. Deel 4

vallen (ww)	गिरना	girana
vangen (ww)	पकड़ना	pakarana
veranderen (anders maken)	बदलना	badalana
verbaasd zijn (ww)	हैरान होना	hairān hona
verbergen (ww)	छिपाना	chhipāna
verdedigen (je land ~)	रक्षा करना	raksha karana
verenigen (ww)	संयुक्त करना	sanyukt karana
vergelijken (ww)	तुलना करना	tulana karana
vergeten (ww)	भूलना	bhūlana
vergeven (ww)	क्षमा करना	kshama karana
verklaren (uitleggen)	समझाना	samajhāna

verkopen (per stuk ~)	बेचना	bechana
vermelden (praten over)	उल्लेख करना	ullekh karana
versieren (decoreren)	सजाना	sajāna
vertalen (ww)	अनुवाद करना	anuvād karana
vertrouwen (ww)	यकीन करना	yakīn karana
vervolgen (ww)	जारी रखना	jārī rakhana
verwarren (met elkaar ~)	गड़बड़ा जाना	garabara jāna
verzoeken (ww)	माँगना	māngana
verzuimen (school, enz.)	ग़ैर-हाज़िर होना	gair-hāzir hona
vinden (ww)	ढूढना	dhūrhana
vliegen (ww)	उड़ना	urana
volgen (ww)	पीछे चलना	pīchhe chalana
voorstellen (ww)	प्रस्ताव रखना	prastāv rakhana
voorzien (verwachten)	उम्मीद करना	ummīd karana
vragen (ww)	पूछना	pūchhana
waarnemen (ww)	देखना	dekhana
waarschuwen (ww)	चेतावनी देना	chetāvanī dena
wachten (ww)	इंतज़ार करना	intazār karana
weerspreken (ww)	एतराज़ करना	etarāz karana
weigeren (ww)	इन्कार करना	inkār karana
werken (ww)	काम करना	kām karana
weten (ww)	मालूम होना	mālūm hona
willen (verlangen)	चाहना	chāhana
zeggen (ww)	कहना	kahana
zich haasten (ww)	जल्दी करना	jaldī karana
zich interesseren voor ...	रुचि लेना	ruchi lena
zich vergissen (ww)	गलती करना	galatī karana
zich verontschuldigen	माफ़ी मांगना	māfī māngana
zien (ww)	देखना	dekhana
zijn (ww)	होना	hona
zoeken (ww)	तलाश करना	talāsh karana
zwemmen (ww)	तैरना	tairana
zwijgen (ww)	चुप रहना	chup rahana

TIJD. KALENDER

17. Dagen van de week

maandag (de)	सोमवार (m)	somavār
dinsdag (de)	मंगलवार (m)	mangalavār
woensdag (de)	बुधवार (m)	budhavār
donderdag (de)	गुरूवार (m)	gurūvār
vrijdag (de)	शुक्रवार (m)	shukravār
zaterdag (de)	शनिवार (m)	shanivār
zondag (de)	रविवार (m)	ravivār
vandaag (bw)	आज	āj
morgen (bw)	कल	kal
overmorgen (bw)	परसों	parason
gisteren (bw)	कल	kal
eergisteren (bw)	परसों	parason
dag (de)	दिन (m)	din
werkdag (de)	कार्यदिवस (m)	kāryadivas
feestdag (de)	सार्वजनिक छुट्टी (f)	sārvajanik chhuttī
verlofdag (de)	छुट्टी का दिन (m)	chhuttī ka din
weekend (het)	सप्ताहांत (m)	saptāhānt
de hele dag (bw)	सारा दिन	sāra din
de volgende dag (bw)	अगला दिन	agala din
twee dagen geleden	दो दिन पहले	do din pahale
aan de vooravond (bw)	एक दिन पहले	ek din pahale
dag-, dagelijks (bn)	दैनिक	dainik
elke dag (bw)	हर दिन	har din
week (de)	हफ़्ता (f)	hafata
vorige week (bw)	पिछले हफ़्ते	pichhale hafate
volgende week (bw)	अगले हफ़्ते	agale hafate
wekelijks (bn)	साप्ताहिक	saptāhik
elke week (bw)	हर हफ़्ते	har hafate
twee keer per week	हफ़्ते में दो बार	hafate men do bār
elke dinsdag	हर मंगलवार को	har mangalavār ko

18. Uren. Dag en nacht

morgen (de)	सुबह (m)	subah
's morgens (bw)	सुबह में	subah men
middag (de)	दोपहर (m)	dopahar
's middags (bw)	दोपहर में	dopahar men
avond (de)	शाम (m)	shām
's avonds (bw)	शाम में	shām men

nacht (de)	रात (f)	rāt
's nachts (bw)	रात में	rāt men
middernacht (de)	आधी रात (f)	ādhī rāt
seconde (de)	सेकन्ड (m)	sekand
minuut (de)	मिनट (m)	minat
uur (het)	घंटा (m)	ghanta
halfuur (het)	आधा घंटा	ādha ghanta
kwartier (het)	सवा	sava
vijftien minuten	पंद्रह मीनट	pandrah mīnat
etmaal (het)	24 घंटे (m)	chaubīs ghante
zonsopgang (de)	सूर्योदय (m)	sūryoday
dageraad (de)	सूर्योदय (m)	sūryoday
vroege morgen (de)	प्रातःकाल (m)	prātahkāl
zonsondergang (de)	सूर्यास्त (m)	sūryāst
's morgens vroeg (bw)	सुबह-सवेरे	subah-savere
vanmorgen (bw)	इस सुबह	is subah
morgenochtend (bw)	कल सुबह	kal subah
vanmiddag (bw)	आज शाम	āj shām
's middags (bw)	दोपहर में	dopahar men
morgenmiddag (bw)	कल दोपहर	kal dopahar
vanavond (bw)	आज शाम	āj shām
morgenavond (bw)	कल रात	kal rāt
klokslag drie uur	ठीक तीन बजे में	thīk tīn baje men
ongeveer vier uur	लगभग चार बजे	lagabhag chār baje
tegen twaalf uur	बारह बजे तक	bārah baje tak
over twintig minuten	बीस मीनट में	bīs mīnat men
over een uur	एक घंटे में	ek ghante men
op tijd (bw)	ठीक समय पर	thīk samay par
kwart voor ...	पौने ... बजे	paune ... baje
binnen een uur	एक घंटे के अंदर	ek ghante ke andar
elk kwartier	हर पंद्रह मीनट	har pandrah mīnat
de klok rond	दिन-रात (m pl)	din-rāt

19. Maanden. Seizoenen

januari (de)	जनवरी (m)	janavarī
februari (de)	फ़रवरी (m)	faravarī
maart (de)	मार्च (m)	mārch
april (de)	अप्रैल (m)	aprail
mei (de)	माई (m)	maī
juni (de)	जून (m)	jūn
juli (de)	जुलाई (m)	julaī
augustus (de)	अगस्त (m)	agast
september (de)	सितम्बर (m)	sitambar
oktober (de)	अक्तूबर (m)	aktūbar

november (de)	नवम्बर (m)	navambar
december (de)	दिसम्बर (m)	disambar
lente (de)	वसन्त (m)	vasant
in de lente (bw)	वसन्त में	vasant men
lente- (abn)	वसन्त	vasant
zomer (de)	गरमी (f)	garamī
in de zomer (bw)	गरमियों में	garamiyon men
zomer-, zomers (bn)	गरमी	garamī
herfst (de)	शरद (m)	sharad
in de herfst (bw)	शरद में	sharad men
herfst- (abn)	शरद	sharad
winter (de)	सर्दी (f)	sardī
in de winter (bw)	सर्दियों में	sardiyon men
winter- (abn)	सर्दी	sardī
maand (de)	महीना (m)	mahīna
deze maand (bw)	इस महीने	is mahīne
volgende maand (bw)	अगले महीने	agale mahīne
vorige maand (bw)	पिछले महीने	pichhale mahīne
een maand geleden (bw)	एक महीने पहले	ek mahīne pahale
over een maand (bw)	एक महीने में	ek mahīne men
over twee maanden (bw)	दो महीने में	do mahīne men
de hele maand (bw)	पूरे महीने	pūre mahīne
een volle maand (bw)	पूरे महीने	pūre mahīne
maand-, maandelijks (bn)	मासिक	māsik
maandelijks (bw)	हर महीने	har mahīne
elke maand (bw)	हर महीने	har mahīne
twee keer per maand	महिने में दो बार	mahine men do bār
jaar (het)	वर्ष (m)	varsh
dit jaar (bw)	इस साल	is sāl
volgend jaar (bw)	अगले साल	agale sāl
vorig jaar (bw)	पिछले साल	pichhale sāl
een jaar geleden (bw)	एक साल पहले	ek sāl pahale
over een jaar	एक साल में	ek sāl men
over twee jaar	दो साल में	do sāl men
het hele jaar	पूरा साल	pūra sāl
een vol jaar	पूरा साल	pūra sāl
elk jaar	हर साल	har sāl
jaar-, jaarlijks (bn)	वार्षिक	vārshik
jaarlijks (bw)	वार्षिक	vārshik
4 keer per jaar	साल में चार बार	sāl men chār bār
datum (de)	तारीख़ (f)	tārīkh
datum (de)	तारीख़ (f)	tārīkh
kalender (de)	कैलेन्डर (m)	kailendar
een half jaar	आधे वर्ष (m)	ādhe varsh
zes maanden	छमाही (f)	chhamāhī

seizoen (bijv. lente, zomer)	मौसम (m)	mausam
eeuw (de)	शताबदी (f)	shatābadī

REIZEN. HOTEL

20. Trip. Reizen

toerisme (het)	पर्यटन (m)	paryatan
toerist (de)	पर्यटक (m)	paryatak
reis (de)	यात्रा (f)	yātra
avontuur (het)	जाँबाज़ी (f)	jānbāzī
tocht (de)	यात्रा (f)	yātra
vakantie (de)	छुट्टी (f)	chhuttī
met vakantie zijn	छुट्टी पर होना	chhuttī par hona
rust (de)	आराम (m)	ārām
trein (de)	रेलगाड़ी, ट्रेन (f)	relagārī, tren
met de trein	रैलगाड़ी से	railagārī se
vliegtuig (het)	विमान (m)	vimān
met het vliegtuig	विमान से	vimān se
met de auto	कार से	kār se
per schip (bw)	जहाज़ पर	jahāz par
bagage (de)	सामान (m)	sāmān
valies (de)	सूटकेस (m)	sūtakes
bagagekarretje (het)	सामान के लिये गाड़ी (f)	sāmān ke liye gārī
paspoort (het)	पासपोर्ट (m)	pāsaport
visum (het)	वीज़ा (m)	vīza
kaartje (het)	टिकट (m)	tikat
vliegticket (het)	हवाई टिकट (m)	havaī tikat
reisgids (de)	गाइडबुक (f)	gaidabuk
kaart (de)	नक्शा (m)	naksha
gebied (landelijk ~)	क्षेत्र (m)	kshetr
plaats (de)	स्थान (m)	sthān
exotische bestemming (de)	विचित्र वस्तुएं	vichitr vastuen
exotisch (bn)	विचित्र	vichitr
verwonderlijk (bn)	अजीब	ajīb
groep (de)	समूह (m)	samūh
rondleiding (de)	पर्यटन (f)	paryatan
gids (de)	गाइड (m)	gaid

21. Hotel

motel (het)	मोटल (m)	motal
3-sterren	तीन सितारा	tīn sitāra
5-sterren	पाँच सितारा	pānch sitāra

overnachten (ww)	ठहरना	thaharana
kamer (de)	कमरा (m)	kamara
eenpersoonskamer (de)	एक पलंग का कमरा (m)	ek palang ka kamara
tweepersoonskamer (de)	दो पलंगों का कमरा (m)	do palangon ka kamara
een kamer reserveren	कमरा बुक करना	kamara buk karana
halfpension (het)	हाफ़-बोर्ड (m)	hāf-bord
volpension (het)	फ़ुल-बोर्ड (m)	ful-bord
met badkamer	स्नानघर के साथ	snānaghar ke sāth
met douche	शॉवर के साथ	shovar ke sāth
satelliet-tv (de)	सैटेलाइट टेलीविज़न (m)	saitelait telīvizan
airconditioner (de)	एयर-कंडिशनर (m)	eyar-kandishanar
handdoek (de)	तौलिया (f)	tauliya
sleutel (de)	चाबी (f)	chābī
administrateur (de)	मैनेजर (m)	mainejar
kamermeisje (het)	चैमबरमैड (f)	chaimabaramaid
piccolo (de)	कुली (m)	kulī
portier (de)	दरबान (m)	darabān
restaurant (het)	रेस्टराँ (m)	restarān
bar (de)	बार (m)	bār
ontbijt (het)	नाश्ता (m)	nāshta
avondeten (het)	रात्रिभोज (m)	rātribhoj
buffet (het)	बुफ़े (m)	bufe
hal (de)	लॉबी (f)	lobī
lift (de)	लिफ़्ट (m)	lift
NIET STOREN	परेशान न करें	pareshān na karen
VERBODEN TE ROKEN!	धुम्रपान निषेध!	dhumrapān nishedh!

22. Bezienswaardigheden

monument (het)	स्मारक (m)	smārak
vesting (de)	किला (m)	kila
paleis (het)	भवन (m)	bhavan
kasteel (het)	महल (m)	mahal
toren (de)	मीनार (m)	mīnār
mausoleum (het)	समाधि (f)	samādhi
architectuur (de)	वस्तुशाला (m)	vastushāla
middeleeuws (bn)	मधययुगीय	madhayayugīy
oud (bn)	प्राचीन	prāchīn
nationaal (bn)	राष्ट्रीय	rāshtrīy
bekend (bn)	मशहूर	mashhūr
toerist (de)	पर्यटक (m)	paryatak
gids (de)	गाइड (m)	gaid
rondleiding (de)	पर्यटन यात्रा (m)	paryatan yātra
tonen (ww)	दिखाना	dikhāna
vertellen (ww)	बताना	batāna
vinden (ww)	ढूँढना	dhūnrhana

verdwalen (de weg kwijt zijn)	खो जाना	kho jāna
plattegrond (~ van de metro)	नक्शा (m)	naksha
plattegrond (~ van de stad)	नक्शा (m)	naksha
souvenir (het)	यादगार (m)	yādagār
souvenirwinkel (de)	गिफ़्ट शॉप (f)	gift shop
een foto maken (ww)	फोटो खींचना	foto khīnchana
zich laten fotograferen	अपना फ़ोटो खिंचवाना	apana foto khinchavāna

VERVOER

23. Vliegveld

luchthaven (de)	हवाई अड्डा (m)	havaī adda
vliegtuig (het)	विमान (m)	vimān
luchtvaartmaatschappij (de)	हवाई कम्पनी (f)	havaī kampanī
luchtverkeersleider (de)	हवाई यातायात नियंत्रक (m)	havaī yātāyāt niyantrak
vertrek (het)	प्रस्थान (m)	prasthān
aankomst (de)	आगमन (m)	āgaman
aankomen (per vliegtuig)	पहुंचना	pahunchana
vertrektijd (de)	उड़ान का समय (m)	urān ka samay
aankomstuur (het)	आगमन का समय (m)	āgaman ka samay
vertraagd zijn (ww)	देर से आना	der se āna
vluchtvertraging (de)	उड़ान देरी (f)	urān derī
informatiebord (het)	सूचना बोर्ड (m)	sūchana bord
informatie (de)	सूचना (f)	sūchana
aankondigen (ww)	घोषणा करना	ghoshana karana
vlucht (bijv. KLM ~)	फ़्लाइट (f)	flait
douane (de)	सीमाशुल्क कार्यालय (m)	sīmāshulk kāryālay
douanier (de)	सीमाशुल्क अधिकारी (m)	sīmāshulk adhikārī
douaneaangifte (de)	सीमाशुल्क घोषणा (f)	sīmāshulk ghoshana
een douaneaangifte invullen	सीमाशुल्क घोषणा भरना	sīmāshulk ghoshana bharana
paspoortcontrole (de)	पास्पोर्ट जांच (f)	pāsport jānch
bagage (de)	सामान (m)	sāmān
handbagage (de)	दस्ती सामान (m)	dastī sāmān
bagagekarretje (het)	सामान के लिये गाड़ी (f)	sāmān ke liye gārī
landing (de)	विमानारोहण (m)	vimānārohan
landingsbaan (de)	विमानारोहण मार्ग (m)	vimānārohan mārg
landen (ww)	उतरना	utarana
vliegtuigtrap (de)	सीढ़ी (f)	sīrhī
inchecken (het)	चेक-इन (m)	chek-in
incheckbalie (de)	चेक-इन डेस्क (m)	chek-in desk
inchecken (ww)	चेक-इन करना	chek-in karana
instapkaart (de)	बोर्डिंग पास (m)	bording pās
gate (de)	प्रस्थान गेट (m)	prasthān get
transit (de)	पारवहन (m)	pāravahan
wachten (ww)	इंतज़ार करना	intazār karana
wachtzaal (de)	प्रतीक्षालय (m)	pratīkshālay
begeleiden (uitwuiven)	विदा करना	vida karana
afscheid nemen (ww)	विदा कहना	vida kahana

24. Vliegtuig

vliegtuig (het)	विमान (m)	vimān
vliegticket (het)	हवाई टिकट (m)	havaī tikat
luchtvaartmaatschappij (de)	हवाई कम्पनी (f)	havaī kampanī
luchthaven (de)	हवाई अड्डा (m)	havaī adda
supersonisch (bn)	पराध्वनिक	parādhvanik
gezagvoerder (de)	कप्तान (m)	kaptān
bemanning (de)	वैमानिक दल (m)	vaimānik dal
piloot (de)	विमान चालक (m)	vimān chālak
stewardess (de)	एयर होस्टस (f)	eyar hostas
stuurman (de)	नैवीगेटर (m)	naivīgetar
vleugels (mv.)	पंख (m pl)	pankh
staart (de)	पूँछ (f)	pūnchh
cabine (de)	कॉकपिट (m)	kokapit
motor (de)	इंजन (m)	injan
landingsgestel (het)	हवाई जहाज़ पहिये (m)	havaī jahāz pahiye
turbine (de)	टरबाइन (f)	tarabain
propeller (de)	प्रोपेलर (m)	propelar
zwarte doos (de)	ब्लैक बॉक्स (m)	blaik boks
stuur (het)	कंट्रोल कॉलम (m)	kantrol kolam
brandstof (de)	ईंधन (m)	īndhan
veiligheidskaart (de)	सुरक्षा-पत्र (m)	suraksha-patr
zuurstofmasker (het)	ऑक्सीजन मास्क (m)	oksījan māsk
uniform (het)	वर्दी (f)	vardī
reddingsvest (de)	बचाव पेटी (f)	bachāv petī
parachute (de)	पैराशूट (m)	pairāshūt
opstijgen (het)	उड़ान (m)	urān
opstijgen (ww)	उड़ना	urana
startbaan (de)	उड़ान पट्टी (f)	urān pattī
zicht (het)	दृश्यता (f)	drshyata
vlucht (de)	उड़ान (m)	urān
hoogte (de)	ऊंचाई (f)	ūnchaī
luchtzak (de)	वायु-पॉकेट (m)	vāyu-poket
plaats (de)	सीट (f)	sīt
koptelefoon (de)	हेडफ़ोन (m)	hedafon
tafeltje (het)	ट्रे टेबल (f)	tre tebal
venster (het)	हवाई जहाज़ की खिड़की (f)	havaī jahāz kī khirakī
gangpad (het)	गलियारा (m)	galiyāra

25. Trein

trein (de)	रेलगाड़ी, ट्रेन (f)	relagārī, tren
elektrische trein (de)	लोकल ट्रेन (f)	lokal tren
sneltrein (de)	तेज़ रेलगाड़ी (f)	tez relagārī
diesellocomotief (de)	डीज़ल रेलगाड़ी (f)	dīzal relagārī

locomotief (de)	स्टीम इंजन (f)	stīm injan
rijtuig (het)	कोच (f)	koch
restauratierijtuig (het)	डाइनर (f)	dainar
rails (mv.)	पटरियाँ (f)	patariyān
spoorweg (de)	रेलवे (f)	relave
dwarsligger (de)	पटरियाँ (f)	patariyān
perron (het)	प्लेटफॉर्म (m)	pletaform
spoor (het)	प्लेटफॉर्म (m)	pletaform
semafoor (de)	सिग्नल (m)	signal
halte (bijv. kleine treinhalte)	स्टेशन (m)	steshan
machinist (de)	इंजन ड्राइवर (m)	injan draivar
kruier (de)	कुली (m)	kulī
conducteur (de)	कोच एटेंडेंट (m)	koch etendent
passagier (de)	मुसाफ़िर (m)	musāfir
controleur (de)	टीटी (m)	tītī
gang (in een trein)	गलियारा (m)	galiyāra
noodrem (de)	आपात ब्रेक (m)	āpāt brek
coupé (de)	डिब्बा (m)	dibba
bed (slaapplaats)	बर्थ (f)	barth
bovenste bed (het)	ऊपरी बर्थ (f)	ūparī barth
onderste bed (het)	नीचली बर्थ (f)	nīchalī barth
beddengoed (het)	बिस्तर (m)	bistar
kaartje (het)	टिकट (m)	tikat
dienstregeling (de)	टाइम टैबुल (m)	taim taibul
informatiebord (het)	सूचना बोर्ड (m)	sūchana bord
vertrekken (De trein vertrekt ...)	चले जाना	chale jāna
vertrek (ov. een trein)	रवानगी (f)	ravānagī
aankomen (ov. de treinen)	पहुंचना	pahunchana
aankomst (de)	आगमन (m)	āgaman
aankomen per trein	गाड़ी से पहुंचना	gārī se pahunchana
in de trein stappen	गाड़ी पकड़ना	gādī pakarana
uit de trein stappen	गाड़ी से उतरना	gārī se utarana
treinwrak (het)	दुर्घटनाग्रस्त (f)	durghatanāgrast
locomotief (de)	स्टीम इंजन (m)	stīm injan
stoker (de)	अग्निशामक (m)	agnishāmak
stookplaats (de)	भट्ठी (f)	bhatthī
steenkool (de)	कोयला (m)	koyala

26. Schip

schip (het)	जहाज़ (m)	jahāz
vaartuig (het)	जहाज़ (m)	jahāz
stoomboot (de)	जहाज़ (m)	jahāz
motorschip (het)	मोटर बोट (m)	motar bot

lijnschip (het)	लाइनर (m)	lainar
kruiser (de)	क्रूज़र (m)	krūzar
jacht (het)	याख़्ट (m)	yākht
sleepboot (de)	कर्षक पोत (m)	karshak pot
duwbak (de)	बार्ज (f)	bārj
ferryboot (de)	फेरी बोट (f)	ferī bot
zeilboot (de)	पाल नाव (f)	pāl nāv
brigantijn (de)	बादबानी (f)	bādabānī
IJsbreker (de)	हिमभंजक पोत (m)	himabhanjak pot
duikboot (de)	पनडुब्बी (f)	panadubbī
boot (de)	नाव (m)	nāv
sloep (de)	किश्ती (f)	kishtī
reddingssloep (de)	जीवन रक्षा किश्ती (f)	jīvan raksha kishtī
motorboot (de)	मोटर बोट (m)	motar bot
kapitein (de)	कप्तान (m)	kaptān
zeeman (de)	मल्लाह (m)	mallāh
matroos (de)	मल्लाह (m)	mallāh
bemanning (de)	वैमानिक दल (m)	vaimānik dal
bootsman (de)	बोसुन (m)	bosun
scheepsjongen (de)	बोसुन (m)	bosun
kok (de)	रसोइया (m)	rasoiya
scheepsarts (de)	पोत डाक्टर (m)	pot dāktar
dek (het)	डेक (m)	dek
mast (de)	मस्तूल (m)	mastūl
zeil (het)	पाल (m)	pāl
ruim (het)	कार्गो (m)	kārgo
voorsteven (de)	जहाज़ का अगाड़ा हिस्सा (m)	jahāz ka agara hissa
achtersteven (de)	जहाज़ का पिछला हिस्सा (m)	jahāz ka pichhala hissa
roeispaan (de)	चप्पू (m)	chappū
schroef (de)	जहाज़ की पंखी चलाने का पेंच (m)	jahāz kī pankhī chalāne ka pench
kajuit (de)	कैबिन (m)	kaibin
officierskamer (de)	मेस (f)	mes
machinekamer (de)	मशीन-कमरा (m)	mashīn-kamara
brug (de)	ब्रिज (m)	brij
radiokamer (de)	रेडियो केबिन (m)	rediyo kebin
radiogolf (de)	रेडियो तरंग (f)	rediyo tarang
logboek (het)	जहाज़ी रजिस्टर (m)	jahāzī rajistar
verrekijker (de)	टेलिस्कोप (m)	teliskop
klok (de)	घंटा (m)	ghanta
vlag (de)	झंडा (m)	jhanda
kabel (de)	रस्सा (m)	rassa
knoop (de)	जहाज़ी गांठ (f)	jahāzī gānth
trapleuning (de)	रेलिंग (f)	reling
trap (de)	सीढ़ी (f)	sīrhī

anker (het)	लंगर (m)	langar
het anker lichten	लंगर उठाना	langar uthāna
het anker neerlaten	लंगर डालना	langar dālana
ankerketting (de)	लंगर की ज़ंजीर (f)	langar kī zajīr
haven (bijv. containerhaven)	बंदरगाह (m)	bandaragāh
kaai (de)	घाट (m)	ghāt
aanleggen (ww)	किनारे लगना	kināre lagana
wegvaren (ww)	रवाना होना	ravāna hona
reis (de)	यात्रा (f)	yātra
cruise (de)	जलयात्रा (f)	jalayātra
koers (de)	दिशा (f)	disha
route (de)	मार्ग (m)	mārg
vaarwater (het)	नाव्य जलपथ (m)	nāvy jalapath
zandbank (de)	छिछला पानी (m)	chhichhala pānī
stranden (ww)	छिछले पानी में धंसना	chhichhale pānī men dhansana
storm (de)	तूफ़ान (m)	tufān
signaal (het)	सिग्नल (m)	signal
zinken (ov. een boot)	डूबना	dūbana
SOS (noodsignaal)	एसओएस	esoes
reddingsboei (de)	लाइफ़ ब्वाय (m)	laif bvāy

STAD

27. Stedelijk vervoer

bus, autobus (de)	बस (f)	bas
tram (de)	ट्रैम (m)	traim
trolleybus (de)	ट्रॉलीबस (f)	trolības
route (de)	मार्ग (m)	mārg
nummer (busnummer, enz.)	नम्बर (m)	nambar
rijden met ...	के माध्यम से जाना	ke mādhyam se jāna
stappen (in de bus ~)	सवार होना	savār hona
afstappen (ww)	उतरना	utarana
halte (de)	बस स्टॉप (m)	bas stop
volgende halte (de)	अगला स्टॉप (m)	agala stop
eindpunt (het)	अंतिम स्टेशन (m)	antim steshan
dienstregeling (de)	समय सारणी (f)	samay sāranī
wachten (ww)	इंतज़ार करना	intazār karana
kaartje (het)	टिकट (m)	tikat
reiskosten (de)	टिकट का किराया (m)	tikat ka kirāya
kassier (de)	कैशियर (m)	kaishiyar
kaartcontrole (de)	टिकट जाँच (f)	tikat jānch
controleur (de)	कंडक्टर (m)	kandaktar
te laat zijn (ww)	देर हो जाना	der ho jāna
missen (de bus ~)	छूट जाना	chhūt jāna
zich haasten (ww)	जल्दी में रहना	jaldī men rahana
taxi (de)	टैक्सी (m)	taiksī
taxichauffeur (de)	टैक्सीवाला (m)	taiksīvāla
met de taxi (bw)	टैक्सी से (m)	taiksī se
taxistandplaats (de)	टैक्सी स्टैंड (m)	taiksī staind
een taxi bestellen	टैक्सी बुलाना	taiksī bulāna
een taxi nemen	टैक्सी लेना	taiksī lena
verkeer (het)	यातायात (f)	yātāyāt
file (de)	ट्रैफ़िक जाम (m)	traifik jām
spitsuur (het)	भीड़ का समय (m)	bhīr ka samay
parkeren (on.ww.)	पार्क करना	pārk karana
parkeren (ov.ww.)	पार्क करना	pārk karana
parking (de)	पार्किंग (f)	pārking
metro (de)	मेट्रो (m)	metro
halte (bijv. kleine treinhalte)	स्टेशन (m)	steshan
de metro nemen	मेट्रो लेना	metro lena
trein (de)	रेलगाड़ी, ट्रेन (f)	relagārī, tren
station (treinstation)	स्टेशन (m)	steshan

28. Stad. Het leven in de stad

stad (de)	नगर (m)	nagar
hoofdstad (de)	राजधानी (f)	rājadhānī
dorp (het)	गांव (m)	gānv
plattegrond (de)	नगर का नक्शा (m)	nagar ka naksha
centrum (ov. een stad)	नगर का केन्द्र (m)	nagar ka kendr
voorstad (de)	उपनगर (m)	upanagar
voorstads- (abn)	उपनगरिक	upanagarik
randgemeente (de)	बाहरी इलाका (m)	bāharī ilāka
omgeving (de)	इर्दगिर्द के इलाके (m pl)	irdagird ke ilāke
blok (huizenblok)	सेक्टर (m)	sektar
woonwijk (de)	मुहल्ला (m)	muhalla
verkeer (het)	यातायात (f)	yātāyāt
verkeerslicht (het)	यातायात सिग्नल (m)	yātāyāt signal
openbaar vervoer (het)	जन परिवहन (m)	jan parivahan
kruispunt (het)	चौराहा (m)	chaurāha
zebrapad (oversteekplaats)	ज़ेबरा क्रॉसिंग (f)	zebara krosing
onderdoorgang (de)	पैदल यात्रियों के लिए अंडरपास (f)	paidal yātriyon ke lie andarapās
oversteken (de straat ~)	सड़क पार करना	sarak pār karana
voetganger (de)	पैदल-यात्री (m)	paidal-yātrī
trottoir (het)	फुटपाथ (m)	futapāth
brug (de)	पुल (m)	pul
dijk (de)	तट (m)	tat
fontein (de)	फ़ौवारा (m)	fauvāra
allee (de)	छायापथ (f)	chhāyāpath
park (het)	पार्क (m)	pārk
boulevard (de)	चौड़ी सड़क (m)	chaurī sarak
plein (het)	मैदान (m)	maidān
laan (de)	मार्ग (m)	mārg
straat (de)	सड़क (f)	sarak
zijstraat (de)	गली (f)	galī
doodlopende straat (de)	बंद गली (f)	band galī
huis (het)	मकान (m)	makān
gebouw (het)	इमारत (f)	imārat
wolkenkrabber (de)	गगनचुंबी भवन (f)	gaganachumbī bhavan
gevel (de)	अगवाड़ा (m)	agavāra
dak (het)	छत (f)	chhat
venster (het)	खिड़की (f)	khirakī
boog (de)	मेहराब (m)	meharāb
pilaar (de)	स्तंभ (m)	stambh
hoek (ov. een gebouw)	कोना (m)	kona
vitrine (de)	दुकान का शो-केस (m)	dukān ka sho-kes
gevelreclame (de)	साईनबोर्ड (m)	saīnabord
affiche (de/het)	पोस्टर (m)	postar

reclameposter (de)	विज्ञापन पोस्टर (m)	vigyāpan postar
aanplakbord (het)	बिलबोर्ड (m)	bilabord
vuilnis (de/het)	कूड़ा (m)	kūra
vuilnisbak (de)	कूड़े का डिब्बा (m)	kūre ka dibba
afval weggooien (ww)	कूड़ा-कर्कट डालना	kūra-karkat dālana
stortplaats (de)	डम्पिंग ग्राउंड (m)	damping graund
telefooncel (de)	फ़ोन बूथ (m)	fon būth
straatlicht (het)	बिजली का खंभा (m)	bijalī ka khambha
bank (de)	पार्क-बेंच (f)	pārk-bench
politieagent (de)	पुलिसवाला (m)	pulisavāla
politie (de)	पुलिस (m)	pulis
zwerver (de)	भिखारी (m)	bhikhārī
dakloze (de)	बेघर (m)	beghar

29. Stedelijke instellingen

winkel (de)	दुकान (f)	dukān
apotheek (de)	दवाख़ाना (m)	davākhāna
optiek (de)	चश्मे की दुकान (f)	chashme kī dukān
winkelcentrum (het)	शॉपिंग मॉल (m)	shoping mol
supermarkt (de)	सुपर बाज़ार (m)	supar bāzār
bakkerij (de)	बेकरी (f)	bekarī
bakker (de)	बेकर (m)	bekar
banketbakkerij (de)	टॉफ़ी की दुकान (f)	tofī kī dukān
kruidenier (de)	परचून की दुकान (f)	parachūn kī dukān
slagerij (de)	गोश्त की दुकान (f)	gosht kī dukān
groentewinkel (de)	सब्ज़ियों की दुकान (f)	sabziyon kī dukān
markt (de)	बाज़ार (m)	bāzār
koffiehuis (het)	काफ़ी हाउस (m)	kāfī haus
restaurant (het)	रेस्टराँ (m)	restarān
bar (de)	शराबख़ाना (m)	sharābakhāna
pizzeria (de)	पिट्ज़ा की दुकान (f)	pitza kī dukān
kapperssalon (de/het)	नाई की दुकान (f)	naī kī dukān
postkantoor (het)	डाकघर (m)	dākaghar
stomerij (de)	ड्राइक्लीनर (m)	draiklīnar
fotostudio (de)	फ़ोटो की दुकान (f)	foto kī dukān
schoenwinkel (de)	जूते की दुकान (f)	jūte kī dukān
boekhandel (de)	किताबों की दुकान (f)	kitābon kī dukān
sportwinkel (de)	खेलकूद की दुकान (f)	khelakūd kī dukān
kledingreparatie (de)	कपड़ों की मरम्मत की दुकान (f)	kaparon kī marammat kī dukān
kledingverhuur (de)	कपड़ों को किराए पर देने की दुकान (f)	kaparon ko kirae par dene kī dukān
videotheek (de)	वीडियो रेन्टल दुकान (f)	vīdiyo rental dukān
circus (de/het)	सर्कस (m)	sarkas

dierentuin (de)	चिड़ियाघर (m)	chiriyāghar
bioscoop (de)	सिनेमाघर (m)	sinemāghar
museum (het)	संग्रहालय (m)	sangrahālay
bibliotheek (de)	पुस्तकालय (m)	pustakālay
theater (het)	रंगमंच (m)	rangamanch
opera (de)	ओपेरा (m)	opera
nachtclub (de)	नाईट क्लब (m)	naīt klab
casino (het)	केसिनो (m)	kesino
moskee (de)	मस्जिद (m)	masjid
synagoge (de)	सीनागोग (m)	sīnāgog
kathedraal (de)	गिरजाघर (m)	girajāghar
tempel (de)	मंदिर (m)	mandir
kerk (de)	गिरजाघर (m)	girajāghar
instituut (het)	कॉलेज (m)	kolej
universiteit (de)	विश्वविद्यालय (m)	vishvavidyālay
school (de)	विद्यालय (m)	vidyālay
gemeentehuis (het)	प्रशासक प्रान्त (m)	prashāsak prānt
stadhuis (het)	सिटी हॉल (m)	sitī hol
hotel (het)	होटल (f)	hotal
bank (de)	बैंक (m)	baink
ambassade (de)	दूतावस (m)	dūtāvas
reisbureau (het)	पर्यटन आफ़िस (m)	paryatan āfis
informatieloket (het)	पूछताछ कार्यालय (m)	pūchhatāchh kāryālay
wisselkantoor (het)	मुद्रालय (m)	mudrālay
metro (de)	मेट्रो (m)	metro
ziekenhuis (het)	अस्पताल (m)	aspatāl
benzinestation (het)	पेट्रोल पम्प (f)	petrol pamp
parking (de)	पार्किंग (f)	pārking

30. Borden

gevelreclame (de)	साईनबोर्ड (m)	saīnabord
opschrift (het)	दुकान का साईन (m)	dukān ka saīn
poster (de)	पोस्टर (m)	postar
wegwijzer (de)	दिशा संकेतक (m)	disha sanketak
pijl (de)	तीर दिशा संकेतक (m)	tīr disha sanketak
waarschuwing (verwittiging)	चेतावनी (f)	chetāvanī
waarschuwingsbord (het)	चेतावनी संकेतक (m)	chetāvanī sanketak
waarschuwen (ww)	चेतावनी देना	chetāvanī dena
vrije dag (de)	छुट्टी का दिन (m)	chhuttī ka din
dienstregeling (de)	समय सारणी (f)	samay sāranī
openingsuren (mv.)	खुलने का समय (m)	khulane ka samay
WELKOM!	आपका स्वागत है!	āpaka svāgat hai!
INGANG	प्रवेश	pravesh

UITGANG	निकास	nikās
DUWEN	धक्का दें	dhakka den
TREKKEN	खींचे	khīnche
OPEN	खुला	khula
GESLOTEN	बंद	band
DAMES	औरतों के लिये	auraton ke liye
HEREN	आदमियों के लिये	ādamiyon ke liye
KORTING	डिस्काउन्ट	diskaunt
UITVERKOOP	सेल	sel
NIEUW!	नया!	naya!
GRATIS	मुफ़्त	muft
PAS OP!	ध्यान दें!	dhyān den!
VOLGEBOEKT	कोई जगह खाली नहीं है	koī jagah khālī nahin hai
GERESERVEERD	रिज़र्वड	rizarvad
ADMINISTRATIE	प्रशासन	prashāsan
ALLEEN VOOR PERSONEEL	केवल कर्मचारियों के लिए	keval karmachāriyon ke lie
GEVAARLIJKE HOND	कुत्ते से सावधान!	kutte se sāvadhān!
VERBODEN TE ROKEN!	धुम्रपान निषेध!	dhumrapān nishedh!
NIET AANRAKEN!	छूना मना!	chhūna mana!
GEVAARLIJK	खतरा	khatara
GEVAAR	खतरा	khatara
HOOGSPANNING	उच्च वोल्टेज	uchch voltej
VERBODEN TE ZWEMMEN	तैरना मना!	tairana mana!
BUITEN GEBRUIK	ख़राब	kharāb
ONTVLAMBAAR	ज्वलनशील	jvalanashīl
VERBODEN	निषिद्ध	nishiddh
DOORGANG VERBODEN	प्रवेश निषेध!	pravesh nishedh!
OPGELET PAS GEVERFD	गीला पेंट	gīla pent

31. Winkelen

kopen (ww)	खरीदना	kharīdana
aankoop (de)	खरीदारी (f)	kharīdārī
winkelen (ww)	खरीदारी करने जाना	kharīdārī karane jāna
winkelen (het)	खरीदारी (f)	kharīdārī
open zijn (ov. een winkel, enz.)	खुला होना	khula hona
gesloten zijn (ww)	बन्द होना	band hona
schoeisel (het)	जूता (m)	jūta
kleren (mv.)	पोशाक (m)	poshāk
cosmetica (de)	श्रृंगार-सामग्री (f)	shrrngār-sāmagrī
voedingswaren (mv.)	खाने-पीने की चीज़ें (f pl)	khāne-pīne kī chīzen
geschenk (het)	उपहार (m)	upahār
verkoper (de)	बेचनेवाला (m)	bechanevāla

verkoopster (de)	बेचनेवाली (f)	bechanevālī
kassa (de)	कैश-काउन्टर (m)	kaish-kauntar
spiegel (de)	आईना (m)	āīna
toonbank (de)	काउन्टर (m)	kauntar
paskamer (de)	ट्राई करने का कमरा (m)	traī karane ka kamara
aanpassen (ww)	ट्राई करना	traī karana
passen (ov. kleren)	फिटिंग करना	fiting karana
bevallen (prettig vinden)	पसंद करना	pasand karana
prijs (de)	दाम (m)	dām
prijskaartje (het)	प्राइस टैग (m)	prais taig
kosten (ww)	दाम होना	dām hona
Hoeveel?	कितना?	kitana?
korting (de)	डिस्काउन्ट (m)	diskaunt
niet duur (bn)	सस्ता	sasta
goedkoop (bn)	सस्ता	sasta
duur (bn)	महंगा	mahanga
Dat is duur.	यह महंगा है	yah mahanga hai
verhuur (de)	रेन्टल (m)	rental
huren (smoking, enz.)	किराए पर लेना	kirae par lena
krediet (het)	क्रेडिट (m)	kredit
op krediet (bw)	क्रेडिट पर	kredit par

KLEDING EN ACCESSOIRES

32. Bovenkleding. Jassen

kleren (mv.), kleding (de)	कपड़े (m)	kapare
bovenkleding (de)	बाहरी पोशाक (m)	bāharī poshāk
winterkleding (de)	सर्दियों की पोशक (f)	sardiyon kī poshak
jas (de)	ओवरकोट (m)	ovarakot
bontjas (de)	फरकोट (m)	farakot
bontjasje (het)	फ़र की जैकेट (f)	far kī jaiket
donzen jas (de)	फ़ेदर कोट (m)	fedar kot
jasje (bijv. een leren ~)	जैकेट (f)	jaiket
regenjas (de)	बरसाती (f)	barasātī
waterdicht (bn)	जलरोधक	jalarodhak

33. Heren & dames kleding

overhemd (het)	कमीज़ (f)	kamīz
broek (de)	पैंट (m)	paint
jeans (de)	जीन्स (m)	jīns
colbert (de)	कोट (m)	kot
kostuum (het)	सूट (m)	sūt
jurk (de)	फ्रॉक (f)	frok
rok (de)	स्कर्ट (f)	skart
blouse (de)	ब्लाउज़ (f)	blauz
wollen vest (de)	कार्डिगन (f)	kārdigan
blazer (kort jasje)	जैकेट (f)	jaiket
T-shirt (het)	टी-शर्ट (f)	tī-shart
shorts (mv.)	शोर्ट्स (m pl)	shorts
trainingspak (het)	ट्रैक सूट (m)	traik sūt
badjas (de)	बाथ रोब (m)	bāth rob
pyjama (de)	पजामा (m)	pajāma
sweater (de)	सूटर (m)	sūtar
pullover (de)	पुलोवर (m)	pulovar
gilet (het)	बण्डी (m)	bandī
rokkostuum (het)	टेल-कोट (m)	tel-kot
smoking (de)	डिनर-जैकेट (f)	dinar-jaiket
uniform (het)	वर्दी (f)	vardī
werkkleding (de)	वर्दी (f)	vardī
overall (de)	ओवरऑल्स (m)	ovarols
doktersjas (de)	कोट (m)	kot

34. Kleding. Ondergoed

ondergoed (het)	अंगवस्त्र (m)	angavastr
onderhemd (het)	बनियान (f)	baniyān
sokken (mv.)	मोज़े (m pl)	moze
nachthemd (het)	नाइट गाउन (m)	nait gaun
beha (de)	ब्रा (f)	bra
kniekousen (mv.)	घुटनों तक के मोज़े (m)	ghutanon tak ke moze
panty (de)	टाइट्स (m pl)	taits
nylonkousen (mv.)	स्टाकिंग (m pl)	stāking
badpak (het)	स्विम सूट (m)	svim sūt

35. Hoofddeksels

hoed (de)	टोपी (f)	topī
deukhoed (de)	हैट (f)	hait
honkbalpet (de)	बैस्बॉल कैप (f)	baisbol kaip
kleppet (de)	फ़्लैट कैप (f)	flait kaip
baret (de)	बेरेट (m)	beret
kap (de)	हूड (m)	hūd
panamahoed (de)	पनामा हैट (m)	panāma hait
gebreide muts (de)	बुनी हुई टोपी (f)	bunī huī topī
hoofddoek (de)	सिर का स्कार्फ़ (m)	sir ka skārf
dameshoed (de)	महिलाओं की टोपी (f)	mahilaon kī topī
veiligheidshelm (de)	हेलमेट (f)	helamet
veldmuts (de)	पुलिसीया टोपी (f)	pulisīya topī
helm, valhelm (de)	हेलमेट (f)	helamet
bolhoed (de)	बॉलर हैट (m)	bolar hait
hoge hoed (de)	टॉप हैट (m)	top hait

36. Schoeisel

schoeisel (het)	पनही (f)	panahī
schoenen (mv.)	जूते (m pl)	jūte
vrouwenschoenen (mv.)	जूते (m pl)	jūte
laarzen (mv.)	बूट (m pl)	būt
pantoffels (mv.)	चप्पल (f pl)	chappal
sportschoenen (mv.)	टेनिस के जूते (m)	tenis ke jūte
sneakers (mv.)	स्नीकर्स (m)	snīkars
sandalen (mv.)	सैन्डल (f)	saindal
schoenlapper (de)	मोची (m)	mochī
hiel (de)	एड़ी (f)	erī
paar (een ~ schoenen)	जोड़ा (m)	jora
veter (de)	जूते का फ़ीता (m)	jūte ka fīta

rijgen (schoenen ~)	फ़ीता बाँधना	fīta bāndhana
schoenlepel (de)	शू-होर्न (m)	shū-horn
schoensmeer (de/het)	बूट-पालिश (m)	būt-pālish

37. Persoonlijke accessoires

handschoenen (mv.)	दस्ताने (m pl)	dastāne
wanten (mv.)	दस्ताने (m pl)	dastāne
sjaal (fleece ~)	मफ़लर (m)	mafalar
bril (de)	ऐनक (m pl)	ainak
brilmontuur (het)	चश्मे का फ्रेम (m)	chashme ka frem
paraplu (de)	छतरी (f)	chhatarī
wandelstok (de)	छड़ी (f)	chharī
haarborstel (de)	ब्रश (m)	brash
waaier (de)	पंखा (m)	pankha
das (de)	टाई (f)	taī
strikje (het)	बो टाई (f)	bo taī
bretels (mv.)	पतलून बाँधने का फ़ीता (m)	patalūn bāndhane ka fīta
zakdoek (de)	रूमाल (m)	rūmāl
kam (de)	कंघा (m)	kangha
haarspeldje (het)	बालपिन (f)	bālapin
schuifspeldje (het)	हेयरक्लीप (f)	heyaraklīp
gesp (de)	बकसुआ (m)	bakasua
broekriem (de)	बेल्ट (m)	belt
draagriem (de)	कंधे का पट्टा (m)	kandhe ka patta
handtas (de)	बैग (m)	baig
damestas (de)	पर्स (m)	pars
rugzak (de)	बैकपैक (m)	baikapaik

38. Kleding. Diversen

mode (de)	फ़ैशन (m)	faishan
de mode (bn)	प्रचलन में	prachalan men
kledingstilist (de)	फ़ैशन डिज़ाइनर (m)	faishan dizainar
kraag (de)	कॉलर (m)	kolar
zak (de)	जेब (m)	jeb
zak- (abn)	जेब	jeb
mouw (de)	आस्तीन (f)	āstīn
lusje (het)	हैंगिंग लूप (f)	hainging lūp
gulp (de)	ज़िप (f)	zip
rits (de)	ज़िप (f)	zip
sluiting (de)	हुक (m)	huk
knoop (de)	बटन (m)	batan
knoopsgat (het)	बटन का काज (m)	batan ka kāj
losraken (bijv. knopen)	निकल जाना	nikal jāna

naaien (kleren, enz.)	सीना	sīna
borduren (ww)	काढ़ना	kārhana
borduursel (het)	कढ़ाई (f)	karhaī
naald (de)	सूई (f)	sūī
draad (de)	धागा (m)	dhāga
naad (de)	सीवन (m)	sīvan
vies worden (ww)	मैला होना	maila hona
vlek (de)	धब्बा (m)	dhabba
gekreukt raken (ov. kleren)	शिकन पड़ जाना	shikan par jāna
scheuren (ov.ww.)	फट जाना	fat jāna
mot (de)	कपड़ों के कीड़े (m)	kaparon ke kīre

39. Persoonlijke verzorging. Schoonheidsmiddelen

tandpasta (de)	टूथपेस्ट (m)	tūthapest
tandenborstel (de)	टूथब्रश (m)	tūthabrash
tanden poetsen (ww)	दाँत साफ़ करना	dānt sāf karana
scheermes (het)	रेज़र (f)	rezar
scheerschuim (het)	हजामत का क्रीम (m)	hajāmat ka krīm
zich scheren (ww)	शेव करना	shev karana
zeep (de)	साबुन (m)	sābun
shampoo (de)	शैम्पू (m)	shaimpū
schaar (de)	कैंची (f pl)	kainchī
nagelvijl (de)	नाख़ून घिसनी (f)	nākhūn ghisanī
nagelknipper (de)	नाख़ून कतरनी (f)	nākhūn kataranī
pincet (het)	ट्वीज़र्स (f)	tvīzars
cosmetica (de)	श्रृंगार-सामग्री (f)	shrrngār-sāmagrī
masker (het)	चेहरे का लेप (m)	chehare ka lep
manicure (de)	मैनीक्योर (m)	mainīkyor
manicure doen	मैनीक्योर करवाना	mainīkyor karavāna
pedicure (de)	पेडिक्यूर (m)	pedikyūr
cosmetica tasje (het)	श्रृंगार थैली (f)	shrrngār thailī
poeder (de/het)	पाउडर (m)	paudar
poederdoos (de)	कॉम्पैक्ट पाउडर (m)	kompaikt paudar
rouge (de)	ब्लशर (m)	blashar
parfum (de/het)	ख़ुशबू (f)	khushabū
eau de toilet (de)	टायलेट वॉटर (m)	tāyalet votar
lotion (de)	लोशन (m)	loshan
eau de cologne (de)	कोलोन (m)	kolon
oogschaduw (de)	आई-शैडो (m)	āī-shaido
oogpotlood (het)	आई-पेंसिल (f)	āī-pensil
mascara (de)	मस्कारा (m)	maskāra
lippenstift (de)	लिपस्टिक (m)	lipastik
nagellak (de)	नेल पॉलिश (f)	nel polish
haarlak (de)	हेयर स्प्रे (m)	heyar spre

deodorant (de)	डिओडरेन्ट (m)	diodarent
crème (de)	क्रीम (m)	krīm
gezichtscrème (de)	चेहरे की क्रीम (f)	chehare kī krīm
handcrème (de)	हाथ की क्रीम (f)	hāth kī krīm
antirimpelcrème (de)	एंटी रिंकल क्रीम (f)	entī rinkal krīm
dag- (abn)	दिन का	din ka
nacht- (abn)	रात का	rāt ka
tampon (de)	टैम्पन (m)	taimpan
toiletpapier (het)	टॉयलेट पेपर (m)	toyalet pepar
föhn (de)	हेयर ड्रायर (m)	heyar drāyar

40. Horloges. Klokken

polshorloge (het)	घड़ी (f pl)	gharī
wijzerplaat (de)	डायल (m)	dāyal
wijzer (de)	सुई (f)	suī
metalen horlogeband (de)	धातु से बनी घड़ी का पट्टा (m)	dhātu se banī gharī ka patta
horlogebandje (het)	घड़ी का पट्टा (m)	gharī ka patta
batterij (de)	बैटेरी (f)	baiterī
leeg zijn (ww)	ख़त्म हो जाना	khatm ho jāna
batterij vervangen	बैटेरी बदलना	baiterī badalana
voorlopen (ww)	तेज़ चलना	tez chalana
achterlopen (ww)	धीमी चलना	dhīmī chalana
wandklok (de)	दीवार-घड़ी (f pl)	dīvār-gharī
zandloper (de)	रेत-घड़ी (f pl)	ret-gharī
zonnewijzer (de)	सूरज-घड़ी (f pl)	sūraj-gharī
wekker (de)	अलार्म घड़ी (f)	alārm gharī
horlogemaker (de)	घड़ीसाज़ (m)	gharīsāz
repareren (ww)	मरम्मत करना	marammat karana

ALLEDAAGSE ERVARING

41. Geld

geld (het)	पैसा (m pl)	paisa
ruil (de)	मुद्रा विनिमय (m)	mudra vinimay
koers (de)	विनिमय दर (m)	vinimay dar
geldautomaat (de)	एटीएम (m)	etīem
muntstuk (de)	सिक्का (m)	sikka
dollar (de)	डॉलर (m)	dolar
euro (de)	यूरो (m)	yūro
lire (de)	लीरा (f)	līra
Duitse mark (de)	डचमार्क (m)	dachamārk
frank (de)	फ्रांक (m)	frānk
pond sterling (het)	पाउन्ड स्टरलिंग (m)	paund staraling
yen (de)	येन (m)	yen
schuld (geldbedrag)	कर्ज़ (m)	karz
schuldenaar (de)	क़र्ज़दार (m)	qarzadār
uitlenen (ww)	कर्ज़ देना	karz dena
lenen (geld ~)	कर्ज़ लेना	karz lena
bank (de)	बैंक (m)	baink
bankrekening (de)	बैंक खाता (m)	baink khāta
op rekening storten	बैंक खाते में जमा करना	baink khāte men jama karana
opnemen (ww)	खाते से पैसे निकालना	khāte se paise nikālana
kredietkaart (de)	क्रेडिट कार्ड (m)	kredit kārd
baar geld (het)	कैश (m pl)	kaish
cheque (de)	चेक (m)	chek
een cheque uitschrijven	चेक लिखना	chek likhana
chequeboekje (het)	चेकबुक (f)	chekabuk
portefeuille (de)	बटुआ (m)	batua
geldbeugel (de)	बटुआ (m)	batua
safe (de)	लॉकर (m)	lokar
erfgenaam (de)	उत्तराधिकारी (m)	uttarādhikārī
erfenis (de)	उत्तराधिकार (m)	uttarādhikār
fortuin (het)	संपत्ति (f)	sampatti
huur (de)	किराये पर देना (m)	kirāye par dena
huurprijs (de)	किराया (m)	kirāya
huren (huis, kamer)	किराए पर लेना	kirae par lena
prijs (de)	दाम (m)	dām
kostprijs (de)	कीमत (f)	kīmat
som (de)	रक़म (m)	raqam

uitgeven (geld besteden)	ख़र्च करना	kharch karana
kosten (mv.)	ख़र्च (m pl)	kharch
bezuinigen (ww)	बचत करना	bachat karana
zuinig (bn)	किफ़ायती	kifāyatī
betalen (ww)	दाम चुकाना	dām chukāna
betaling (de)	भुगतान (m)	bhugatān
wisselgeld (het)	चिल्लर (m)	chillar
belasting (de)	टैक्स (m)	taiks
boete (de)	जुर्माना (m)	jurmāna
beboeten (bekeuren)	जुर्माना लगाना	jurmāna lagāna

42. Post. Postkantoor

postkantoor (het)	डाकघर (m)	dākaghar
post (de)	डाक (m)	dāk
postbode (de)	डाकिया (m)	dākiya
openingsuren (mv.)	खुलने का समय (m)	khulane ka samay
brief (de)	पत्र (m)	patr
aangetekende brief (de)	रजिस्टरी पत्र (m)	rajistarī patr
briefkaart (de)	पोस्ट कार्ड (m)	post kārd
telegram (het)	तार (m)	tār
postpakket (het)	पार्सल (f)	pārsal
overschrijving (de)	मनी ट्रांसफर (m)	manī trānsafar
ontvangen (ww)	पाना	pāna
sturen (zenden)	भेजना	bhejana
verzending (de)	भेज (m)	bhej
adres (het)	पता (m)	pata
postcode (de)	पिन कोड (m)	pin kod
verzender (de)	भेजनेवाला (m)	bhejanevāla
ontvanger (de)	पानेवाला (m)	pānevāla
naam (de)	पहला नाम (m)	pahala nām
achternaam (de)	उपनाम (m)	upanām
tarief (het)	डाक दर (m)	dāk dar
standaard (bn)	मानक	mānak
zuinig (bn)	किफ़ायती	kifāyatī
gewicht (het)	वज़न (m)	vazan
afwegen (op de weegschaal)	तोलना	tolana
envelop (de)	लिफ़ाफ़ा (m)	lifāfa
postzegel (de)	डाक टिकट (m)	dāk tikat
een postzegel plakken op	डाक टिकट लगाना	dāk tikat lagāna

43. Bankieren

bank (de)	बैंक (m)	baink
bankfiliaal (het)	शाखा (f)	shākha

bankbediende (de)	क्लर्क (m)	klark
manager (de)	मैनेजर (m)	mainejar
bankrekening (de)	बैंक खाता (m)	baink khāta
rekeningnummer (het)	खाते का नम्बर (m)	khāte ka nambar
lopende rekening (de)	चालू खाता (m)	chālū khāta
spaarrekening (de)	बचत खाता (m)	bachat khāta
een rekening openen	खाता खोलना	khāta kholana
de rekening sluiten	खाता बंद करना	khāta band karana
op rekening storten	खाते में जमा करना	khāte men jama karana
opnemen (ww)	खाते से पैसा निकालना	khāte se paisa nikālana
storting (de)	जमा (m)	jama
een storting maken	जमा करना	jama karana
overschrijving (de)	तार स्थानांतरण (m)	tār sthānāntaran
een overschrijving maken	पैसे स्थानांतरित करना	paise sthānāntarit karana
som (de)	रक़म (m)	raqam
Hoeveel?	कितना?	kitana?
handtekening (de)	हस्ताक्षर (f)	hastākshar
ondertekenen (ww)	हस्ताक्षर करना	hastākshar karana
kredietkaart (de)	क्रेडिट कार्ड (m)	kredit kārd
code (de)	पिन कोड (m)	pin kod
kredietkaartnummer (het)	क्रेडिट कार्ड संख्या (f)	kredit kārd sankhya
geldautomaat (de)	एटीएम (m)	etīem
cheque (de)	चेक (m)	chek
een cheque uitschrijven	चेक लिखना	chek likhana
chequeboekje (het)	चेकबुक (f)	chekabuk
lening, krediet (de)	उधार (m)	uthār
een lening aanvragen	उधार के लिए आवेदन करना	udhār ke lie āvedan karana
een lening nemen	उधार लेना	uthār lena
een lening verlenen	उधार देना	uthār dena
garantie (de)	गारन्टी (f)	gārantī

44. Telefoon. Telefoongesprek

telefoon (de)	फ़ोन (m)	fon
mobieltje (het)	मोबाइल फ़ोन (m)	mobail fon
antwoordapparaat (het)	जवाबी मशीन (f)	javābī mashīn
bellen (ww)	फ़ोन करना	fon karana
belletje (telefoontje)	कॉल (m)	kol
een nummer draaien	नम्बर लगाना	nambar lagāna
Hallo!	हेलो!	helo!
vragen (ww)	पूछना	pūchhana
antwoorden (ww)	जवाब देना	javāb dena
horen (ww)	सुनना	sunana
goed (bw)	ठीक	thīk

slecht (bw)	ठीक नहीं	thīk nahin
storingen (mv.)	आवाज़ें (f)	āvāzen
hoorn (de)	रिसीवर (m)	risīvar
opnemen (ww)	फ़ोन उठाना	fon uthāna
ophangen (ww)	फ़ोन रखना	fon rakhana
bezet (bn)	बिज़ी	bizī
overgaan (ww)	फ़ोन बजना	fon bajana
telefoonboek (het)	टेलीफ़ोन बुक (m)	telīfon buk
lokaal (bn)	लोकल	lokal
interlokaal (bn)	लंबी दूरी की कॉल	lambī dūrī kī kol
buitenlands (bn)	अंतर्राष्ट्रीय	antarrāshtrīy

45. Mobiele telefoon

mobieltje (het)	मोबाइल फ़ोन (m)	mobail fon
scherm (het)	डिस्प्ले (m)	disple
toets, knop (de)	बटन (m)	batan
simkaart (de)	सिम कार्ड (m)	sim kārd
batterij (de)	बैटरी (f)	baitarī
leeg zijn (ww)	बैटरी डेड हो जाना	baitarī ded ho jāna
acculader (de)	चार्जर (m)	chārjar
menu (het)	मीनू (m)	mīnū
instellingen (mv.)	सेटिंग्स (f)	setings
melodie (beltoon)	कॉलर ट्यून (m)	kolar tyūn
selecteren (ww)	चुनना	chunana
rekenmachine (de)	कैल्कुलैटर (m)	kailkulaitar
voicemail (de)	वॉयस मेल (f)	voyas mel
wekker (de)	अलार्म घड़ी (f)	alārm gharī
contacten (mv.)	संपर्क (m)	sampark
SMS-bericht (het)	एसएमएस (m)	esemes
abonnee (de)	सदस्य (m)	sadasy

46. Schrijfbehoeften

balpen (de)	बॉल पेन (m)	bol pen
vulpen (de)	फाउन्टेन पेन (m)	faunten pen
potlood (het)	पेंसिल (f)	pensil
marker (de)	हाइलाइटर (m)	hailaitar
viltstift (de)	फ़ेल्ट टिप पेन (m)	felt tip pen
notitieboekje (het)	नोटबुक (m)	notabuk
agenda (boekje)	डायरी (f)	dāyarī
liniaal (de/het)	स्केल (m)	skel
rekenmachine (de)	कैल्कुलेटर (m)	kailkuletar

gom (de)	रबड़ (f)	rabar
punaise (de)	थंबटैक (m)	thanrbataik
paperclip (de)	पेपर क्लिप (m)	pepar klip
lijm (de)	गोंद (f)	gond
nietmachine (de)	स्टेप्लर (m)	steplar
perforator (de)	होल पंचर (m)	hol panchar
potloodslijper (de)	शार्पनर (m)	shārpanar

47. Vreemde talen

taal (de)	भाषा (f)	bhāsha
vreemde taal (de)	विदेशी भाषा (f)	videshī bhāsha
leren (bijv. van buiten ~)	पढ़ना	parhana
studeren (Nederlands ~)	सीखना	sīkhana
lezen (ww)	पढ़ना	parhana
spreken (ww)	बोलना	bolana
begrijpen (ww)	समझना	samajhana
schrijven (ww)	लिखना	likhana
snel (bw)	तेज़	tez
langzaam (bw)	धीरे	dhīre
vloeiend (bw)	धड़ल्ले से	dharalle se
regels (mv.)	नियम (m pl)	niyam
grammatica (de)	व्याकरण (m)	vyākaran
vocabulaire (het)	शब्दावली (f)	shabdāvalī
fonetiek (de)	स्वरविज्ञान (m)	svaravigyān
leerboek (het)	पाठ्यपुस्तक (f)	pāthyapustak
woordenboek (het)	शब्दकोश (m)	shabdakosh
leerboek (het) voor zelfstudie	स्वयंशिक्षक पुस्तक (m)	svayanshikshak pustak
taalgids (de)	वार्तालाप-पुस्तिका (f)	vārttālāp-pustika
cassette (de)	कैसेट (f)	kaiset
videocassette (de)	वीडियो कैसेट (m)	vīdiyo kaiset
CD (de)	सीडी (m)	sīdī
DVD (de)	डीवीडी (m)	dīvīdī
alfabet (het)	वर्णमाला (f)	varnamāla
spellen (ww)	हिज्जे करना	hijje karana
uitspraak (de)	उच्चारण (m)	uchchāran
accent (het)	लहज़ा (m)	lahaza
met een accent (bw)	लहज़े के साथ	lahaze ke sāth
zonder accent (bw)	बिना लहज़े	bina lahaze
woord (het)	शब्द (m)	shabd
betekenis (de)	मतलब (m)	matalab
cursus (de)	पाठ्यक्रम (m)	pāthyakram
zich inschrijven (ww)	सदस्य बनना	sadasy banana
leraar (de)	शिक्षक (m)	shikshak

vertaling (een ~ maken)	तर्जुमा (m)	tarjuma
vertaling (tekst)	अनुवाद (m)	anuvād
vertaler (de)	अनुवादक (m)	anuvādak
tolk (de)	दुभाषिया (m)	dubhāshiya
polyglot (de)	बहुभाषी (m)	bahubhāshī
geheugen (het)	स्मृति (f)	smrti

MAALTIJDEN. RESTAURANT

48. Tafelschikking

lepel (de)	चम्मच (m)	chammach
mes (het)	छुरी (f)	chhurī
vork (de)	काँटा (m)	kānta
kopje (het)	प्याला (m)	pyāla
bord (het)	तश्तरी (f)	tashtarī
schoteltje (het)	सॉसर (m)	sosar
servet (het)	नैपकीन (m)	naipakīn
tandenstoker (de)	टूथपिक (m)	tūthapik

49. Restaurant

restaurant (het)	रेस्टराँ (m)	restarān
koffiehuis (het)	कॉफ़ी हाउस (m)	kofī haus
bar (de)	बार (m)	bār
tearoom (de)	चायख़ाना (m)	chāyakhāna
kelner, ober (de)	बैरा (m)	baira
serveerster (de)	बैरी (f)	bairī
barman (de)	बारमैन (m)	bāramain
menu (het)	मेनू (m)	menū
wijnkaart (de)	वाइन सूची (f)	vain sūchī
een tafel reserveren	मेज़ बुक करना	mez buk karana
gerecht (het)	पकवान (m)	pakavān
bestellen (eten ~)	आर्डर देना	ārdar dena
een bestelling maken	आर्डर देना	ārdar dena
aperitief (de/het)	एपेरेतीफ़ (m)	eperetīf
voorgerecht (het)	एपेटाइज़र (m)	epetaizar
dessert (het)	मीठा (m)	mītha
rekening (de)	बिल (m)	bil
de rekening betalen	बील का भुगतान करना	bīl ka bhugatān karana
wisselgeld teruggeven	खुले पैसे देना	khule paise dena
fooi (de)	टिप (f)	tip

50. Maaltijden

eten (het)	खाना (m)	khāna
eten (ww)	खाना खाना	khāna khāna

ontbijt (het)	नाश्ता (m)	nāshta
ontbijten (ww)	नाश्ता करना	nāshta karana
lunch (de)	दोपहर का भोजन (m)	dopahar ka bhojan
lunchen (ww)	दोपहर का भोजन करना	dopahar ka bhojan karana
avondeten (het)	रात्रिभोज (m)	rātribhoj
souperen (ww)	रात्रिभोज करना	rātribhoj karana
eetlust (de)	भूख (f)	bhūkh
Eet smakelijk!	अपने भोजन का आनंद उठाएं!	apane bhojan ka ānand uthaen!
openen (een fles ~)	खोलना	kholana
morsen (koffie, enz.)	गिराना	girāna
zijn gemorst	गिराना	girāna
koken (water kookt bij 100°C)	उबालना	ubālana
koken (Hoe om water te ~)	उबालना	ubālana
gekookt (~ water)	उबला हुआ	ubala hua
afkoelen (koeler maken)	ठंडा करना	thanda karana
afkoelen (koeler worden)	ठंडा करना	thanda karana
smaak (de)	स्वाद (m)	svād
nasmaak (de)	स्वाद (m)	svād
volgen een dieet	वज़न घटाना	vazan ghatāna
dieet (het)	डाइट (m)	dait
vitamine (de)	विटामिन (m)	vitāmin
calorie (de)	कैलोरी (f)	kailorī
vegetariër (de)	शाकाहारी (m)	shākāhārī
vegetarisch (bn)	शाकाहारी	shākāhārī
vetten (mv.)	वसा (m pl)	vasa
eiwitten (mv.)	प्रोटीन (m pl)	protīn
koolhydraten (mv.)	कार्बोहाइड्रेट (m)	kārbohaidret
snede (de)	टुकड़ा (m)	tukara
stuk (bijv. een ~ taart)	टुकड़ा (m)	tukara
kruimel (de)	टुकड़ा (m)	tukara

51. Bereide gerechten

gerecht (het)	पकवान (m)	pakavān
keuken (bijv. Franse ~)	व्यंजन (m)	vyanjan
recept (het)	रैसीपी (f)	raisīpī
portie (de)	भाग (m)	bhāg
salade (de)	सलाद (m)	salād
soep (de)	सूप (m)	sūp
bouillon (de)	यख़नी (f)	yakhanī
boterham (de)	सैन्डविच (m)	saindavich
spiegelei (het)	आमलेट (m)	āmalet
hamburger (de)	हैमबर्गर (m)	haimabargar
biefstuk (de)	बीफ़स्टीक (m)	bīfastīk

garnering (de)	साइड डिश (f)	said dish
spaghetti (de)	स्पेघेटी (f)	speghetī
aardappelpuree (de)	आलू भरता (f)	ālū bharata
pizza (de)	पीट्ज़ा (f)	pītza
pap (de)	दलिया (f)	daliya
omelet (de)	आमलेट (m)	āmalet
gekookt (in water)	उबला	ubala
gerookt (bn)	धुएँ में पकाया हुआ	dhuen men pakāya hua
gebakken (bn)	भुना	bhuna
gedroogd (bn)	सूखा	sūkha
diepvries (bn)	फ्रोज़न	frozan
gemarineerd (bn)	अचार	achār
zoet (bn)	मीठा	mītha
gezouten (bn)	नमकीन	namakīn
koud (bn)	ठंडा	thanda
heet (bn)	गरम	garam
bitter (bn)	कड़वा	karava
lekker (bn)	स्वादिष्ट	svādisht
koken (in kokend water)	उबलते पानी में पकाना	ubalate pānī men pakāna
bereiden (avondmaaltijd ~)	खाना बनाना	khāna banāna
bakken (ww)	भूनना	bhūnana
opwarmen (ww)	गरम करना	garam karana
zouten (ww)	नमक डालना	namak dālana
peperen (ww)	मिर्च डालना	mirch dālana
raspen (ww)	कद्दूकश करना	kaddūkash karana
schil (de)	छिलका (f)	chhilaka
schillen (ww)	छिलका निकलना	chhilaka nikalana

52. Voedsel

vlees (het)	गोश्त (m)	gosht
kip (de)	चीकन (m)	chīkan
kuiken (het)	रॉक कोर्निश मुर्गी (f)	rok kornish murgī
eend (de)	बत्तख़ (f)	battakh
gans (de)	हंस (m)	hans
wild (het)	शिकार के पशुपक्षी (f)	shikār ke pashupakshī
kalkoen (de)	टर्की (m)	tarkī
varkensvlees (het)	सुअर का गोश्त (m)	suar ka gosht
kalfsvlees (het)	बछड़े का गोश्त (m)	bachhare ka gosht
schapenvlees (het)	भेड़ का गोश्त (m)	bher ka gosht
rundvlees (het)	गाय का गोश्त (m)	gāy ka gosht
konijnenvlees (het)	खरगोश (m)	kharagosh
worst (de)	सॉसेज (f)	sosej
saucijs (de)	वियना सॉसेज (m)	viyana sosej
spek (het)	बेकन (m)	bekan
ham (de)	हैम (m)	haim
gerookte achterham (de)	सुअर की जांघ (f)	suar kī jāngh
paté, pastei (de)	पिसा हुआ गोश्त (m)	pisa hua gosht

lever (de)	जिगर (f)	jigar
gehakt (het)	कीमा (m)	kīma
tong (de)	जीभ (m)	jībh
ei (het)	अंडा (m)	anda
eieren (mv.)	अंडे (m pl)	ande
eiwit (het)	अंडे की सफ़ेदी (m)	ande kī safedī
eigeel (het)	अंडे की ज़र्दी (m)	ande kī zardī
vis (de)	मछली (f)	machhalī
zeevruchten (mv.)	समुद्री खाना (m)	samudrī khāna
kaviaar (de)	मछली के अंडे (m)	machhalī ke ande
krab (de)	केकड़ा (m)	kekara
garnaal (de)	चिंगड़ा (m)	chingara
oester (de)	सीप (m)	sīp
langoest (de)	लोबस्टर (m)	lobastar
octopus (de)	ओक्टोपस (m)	oktopas
inktvis (de)	स्कीड (m)	skīd
steur (de)	स्टर्जन (f)	starjan
zalm (de)	सालमन (m)	sālaman
heilbot (de)	हैलिबट (f)	hailibat
kabeljauw (de)	कॉड (f)	kod
makreel (de)	माक्रैल (f)	mākrail
tonijn (de)	टूना (f)	tūna
paling (de)	बाम मछली (f)	bām machhalī
forel (de)	ट्राउट मछली (f)	traut machhalī
sardine (de)	सार्डीन (f)	sārdīn
snoek (de)	पाइक (f)	paik
haring (de)	हेरिंग मछली (f)	hering machhalī
brood (het)	ब्रेड (f)	bred
kaas (de)	पनीर (m)	panīr
suiker (de)	चीनी (f)	chīnī
zout (het)	नमक (m)	namak
rijst (de)	चावल (m)	chāval
pasta (de)	पास्ता (m)	pāsta
noedels (mv.)	नूडल्स (m)	nūdals
boter (de)	मक्खन (m)	makkhan
plantaardige olie (de)	तेल (m)	tel
zonnebloemolie (de)	सूरजमुखी तेल (m)	sūrajamukhī tel
margarine (de)	नकली मक्खन (m)	nakalī makkhan
olijven (mv.)	जैतून (m)	jaitūn
olijfolie (de)	जैतून का तेल (m)	jaitūn ka tel
melk (de)	दूध (m)	dūdh
gecondenseerde melk (de)	रबड़ी (f)	rabarī
yoghurt (de)	दही (m)	dahī
zure room (de)	खट्टी क्रीम (f)	khattī krīm
room (de)	मलाई (f pl)	malaī

mayonaise (de)	मेयोनेज़ (m)	meyonez
crème (de)	क्रीम (m)	krīm
graan (het)	अनाज के दाने (m)	anāj ke dāne
meel (het), bloem (de)	आटा (m)	āta
conserven (mv.)	डिब्बाबन्ड खाना (m)	dibbāband khāna
maïsvlokken (mv.)	कॉर्नफ़्लेक्स (m)	kornafleks
honing (de)	शहद (m)	shahad
jam (de)	जैम (m)	jaim
kauwgom (de)	चूइन्गा गम (m)	chūing gam

53. Drankjes

water (het)	पानी (m)	pānī
drinkwater (het)	पीने का पानी (f)	pīne ka pānī
mineraalwater (het)	मिनरल वॉटर (m)	minaral votar
zonder gas	स्टिल वॉटर	stil votar
koolzuurhoudend (bn)	कार्बोनेटेड	kārboneted
bruisend (bn)	स्पार्कलिंग	spārkaling
IJs (het)	बर्फ़ (m)	barf
met ijs	बर्फ़ के साथ	barf ke sāth
alcohol vrij (bn)	शराब रहित	sharāb rahit
alcohol vrije drank (de)	कोल्ड ड्रिंक (f)	kold drink
frisdrank (de)	शीतलक ड्रिंक (f)	shītalak drink
limonade (de)	लेमोनेड (m)	lemoned
alcoholische dranken (mv.)	शराब (m pl)	sharāb
wijn (de)	वाइन (f)	vain
witte wijn (de)	सफ़ेद वाइन (f)	safed vain
rode wijn (de)	लाल वाइन (f)	lāl vain
likeur (de)	लिकर (m)	likar
champagne (de)	शैम्पेन (f)	shaimpen
vermout (de)	वर्माउथ (f)	varmauth
whisky (de)	विस्की (f)	viskī
wodka (de)	वोडका (m)	vodaka
gin (de)	जिन (f)	jin
cognac (de)	कोन्याक (m)	konyāk
rum (de)	रम (m)	ram
koffie (de)	कॉफ़ी (f)	kofī
zwarte koffie (de)	काली कॉफ़ी (f)	kālī kofī
koffie (de) met melk	दूध के साथ कॉफ़ी (f)	dūdh ke sāth kofī
cappuccino (de)	कैपूचिनो (f)	kaipūchino
oploskoffie (de)	इन्सटेन्ट-काफ़ी (f)	insatent-kāfī
melk (de)	दूध (m)	dūdh
cocktail (de)	कॉकटेल (m)	kokatel
milkshake (de)	मिल्कशेक (m)	milkashek
sap (het)	रस (m)	ras

tomatensap (het)	टमाटर का रस (m)	tamātar ka ras
sinaasappelsap (het)	संतरे का रस (m)	santare ka ras
vers geperst sap (het)	ताज़ा रस (m)	tāza ras
bier (het)	बियर (m)	biyar
licht bier (het)	हल्का बियर (m)	halka biyar
donker bier (het)	डार्क बियर (m)	dārk biyar
thee (de)	चाय (f)	chāy
zwarte thee (de)	काली चाय (f)	kālī chāy
groene thee (de)	हरी चाय (f)	harī chāy

54. Groenten

groenten (mv.)	सब्ज़ियाँ (f pl)	sabziyān
verse kruiden (mv.)	हरी सब्ज़ियाँ (f)	harī sabziyān
tomaat (de)	टमाटर (m)	tamātar
augurk (de)	खीरा (m)	khīra
wortel (de)	गाजर (f)	gājar
aardappel (de)	आलू (m)	ālū
ui (de)	प्याज़ (m)	pyāz
knoflook (de)	लहसुन (m)	lahasun
kool (de)	पत्ता गोभी (f)	patta gobhī
bloemkool (de)	फूल गोभी (f)	fūl gobhī
spruitkool (de)	ब्रसेल्स स्प्राउट्स (m)	brasels sprauts
broccoli (de)	ब्रोकोली (f)	brokolī
rode biet (de)	चुकन्दर (m)	chukandar
aubergine (de)	बैंगन (m)	baingan
courgette (de)	तुरई (f)	turī
pompoen (de)	कद्दू	kaddū
raap (de)	शलजम (f)	shalajam
peterselie (de)	अजमोद (f)	ajamod
dille (de)	सोआ (m)	soa
sla (de)	सलाद पत्ता (m)	salād patta
selderij (de)	सेलरी (m)	selarī
asperge (de)	एस्पैरेगस (m)	espairegas
spinazie (de)	पालक (m)	pālak
erwt (de)	मटर (m)	matar
bonen (mv.)	फली (f pl)	falī
maïs (de)	मकई (f)	makī
boon (de)	राजमा (f)	rājama
peper (de)	शिमला मिर्च (m)	shimala mirch
radijs (de)	मूली (f)	mūlī
artisjok (de)	हाथीचक (m)	hāthīchak

55. Vruchten. Noten

vrucht (de)	फल (m)	fal
appel (de)	सेब (m)	seb
peer (de)	नाशपाती (f)	nāshapātī
citroen (de)	नींबू (m)	nīmbū
sinaasappel (de)	संतरा (m)	santara
aardbei (de)	स्ट्रॉबेरी (f)	stroberī
mandarijn (de)	नारंगी (m)	nārangī
pruim (de)	आलूबुखारा (m)	ālūbukhāra
perzik (de)	आड़ू (m)	ārū
abrikoos (de)	खूबानी (f)	khūbānī
framboos (de)	रसभरी (f)	rasabharī
ananas (de)	अनानास (m)	anānās
banaan (de)	केला (m)	kela
watermeloen (de)	तरबूज़ (m)	tarabūz
druif (de)	अंगूर (m)	angūr
kers (de)	चेरी (f)	cherī
meloen (de)	खरबूज़ा (f)	kharabūza
grapefruit (de)	ग्रेपफ्रूट (m)	grepafrūt
avocado (de)	एवोकाडो (m)	evokādo
papaja (de)	पपीता (f)	papīta
mango (de)	आम (m)	ām
granaatappel (de)	अनार (m)	anār
rode bes (de)	लाल किशमिश (f)	lāl kishamish
zwarte bes (de)	काली किशमिश (f)	kālī kishamish
kruisbes (de)	आमला (f)	āmala
bosbes (de)	बिलबेरी (f)	bilaberī
braambes (de)	ब्लैकबेरी (f)	blaikaberī
rozijn (de)	किशमिश (m)	kishamish
vijg (de)	अंजीर (m)	anjīr
dadel (de)	खजूर (m)	khajūr
pinda (de)	मूँगफली (m)	mūngafalī
amandel (de)	बादाम (f)	bādām
walnoot (de)	अखरोट (m)	akharot
hazelnoot (de)	हेज़लनट (m)	hezalanat
kokosnoot (de)	नारियल (m)	nāriyal
pistaches (mv.)	पिस्ता (m)	pista

56. Brood. Snoep

suikerbakkerij (de)	मिठाई (f pl)	mithaī
brood (het)	ब्रेड (f)	bred
koekje (het)	बिस्कुट (m)	biskut
chocolade (de)	चॉकलेट (m)	chokalet
chocolade- (abn)	चॉकलेटी	chokaletī

snoepje (het)	टॉफ़ी (f)	tofī
cakeje (het)	पेस्ट्री (f)	pestrī
taart (bijv. verjaardags~)	केक (m)	kek
pastei (de)	पाई (m)	paī
vulling (de)	फ़िलिंग (f)	filing
confituur (de)	जैम (m)	jaim
marmelade (de)	मुरब्बा (m)	murabba
wafel (de)	वेफ़र (m pl)	vefar
IJsje (het)	आईस-क्रीम (f)	āīs-krīm

57. Kruiden

zout (het)	नमक (m)	namak
gezouten (bn)	नमकीन	namakīn
zouten (ww)	नमक डालना	namak ḍālana
zwarte peper (de)	काली मिर्च (f)	kālī mirch
rode peper (de)	लाल मिर्च (m)	lāl mirch
mosterd (de)	सरसों (m)	sarason
mierikswortel (de)	अरब मूली (f)	arab mūlī
condiment (het)	मसाला (m)	masāla
specerij , kruiderij (de)	मसाला (m)	masāla
saus (de)	चटनी (f)	chatanī
azijn (de)	सिरका (m)	siraka
anijs (de)	सौंफ़ (f)	saumf
basilicum (de)	तुलसी (f)	tulasī
kruidnagel (de)	लौंग (f)	laung
gember (de)	अदरक (m)	adarak
koriander (de)	धनिया (m)	dhaniya
kaneel (de/het)	दालचीनी (f)	dālachīnī
sesamzaad (het)	तिल (m)	til
laurierblad (het)	तेजपत्ता (m)	tejapatta
paprika (de)	लाल शिमला मिर्च पाउडर (m)	lāl shimala mirch paudar
komijn (de)	ज़ीरा (m)	zīra
saffraan (de)	ज़ाफ़रान (m)	zāfarān

PERSOONLIJKE INFORMATIE. FAMILIE

58. Persoonlijke informatie. Formulieren

naam (de)	पहला नाम (m)	pahala nām
achternaam (de)	उपनाम (m)	upanām
geboortedatum (de)	जन्म-दिवस (m)	janm-divas
geboorteplaats (de)	मातृभूमि (f)	mātrbhūmi
nationaliteit (de)	नागरिकता (f)	nāgarikata
woonplaats (de)	निवास स्थान (m)	nivās sthān
land (het)	देश (m)	desh
beroep (het)	पेशा (m)	pesha
geslacht (ov. het vrouwelijk ~)	लिंग (m)	ling
lengte (de)	क़द (m)	qad
gewicht (het)	वज़न (m)	vazan

59. Familieleden. Verwanten

moeder (de)	माँ (f)	mān
vader (de)	पिता (m)	pita
zoon (de)	बेटा (m)	beta
dochter (de)	बेटी (f)	betī
jongste dochter (de)	छोटी बेटी (f)	chhotī betī
jongste zoon (de)	छोटा बेटा (m)	chhota beta
oudste dochter (de)	बड़ी बेटी (f)	barī betī
oudste zoon (de)	बड़ा बेटा (m)	bara beta
broer (de)	भाई (m)	bhaī
zuster (de)	बहन (f)	bahan
neef (zoon van oom, tante)	चचेरा भाई (m)	chachera bhaī
nicht (dochter van oom, tante)	चचेरी बहन (f)	chacherī bahan
mama (de)	अम्मा (f)	amma
papa (de)	पापा (m)	pāpa
ouders (mv.)	माँ-बाप (m pl)	mān-bāp
kind (het)	बच्चा (m)	bachcha
kinderen (mv.)	बच्चे (m pl)	bachche
oma (de)	दादी (f)	dādī
opa (de)	दादा (m)	dāda
kleinzoon (de)	पोता (m)	pota
kleindochter (de)	पोती (f)	potī
kleinkinderen (mv.)	पोते (m)	pote

oom (de)	चाचा (m)	chācha
tante (de)	चाची (f)	chāchī
neef (zoon van broer, zus)	भतीजा (m)	bhatīja
nicht (dochter van broer ,zus)	भतीजी (f)	bhatījī
schoonmoeder (de)	सास (f)	sās
schoonvader (de)	ससुर (m)	sasur
schoonzoon (de)	दामाद (m)	dāmād
stiefmoeder (de)	सौतेली माँ (f)	sautelī mān
stiefvader (de)	सौतेले पिता (m)	sautele pita
zuigeling (de)	दुधमुँहा बच्चा (m)	dudhamunha bachcha
wiegenkind (het)	शिशु (f)	shishu
kleuter (de)	छोटा बच्चा (m)	chhota bachcha
vrouw (de)	पत्नी (f)	patnī
man (de)	पति (m)	pati
echtgenoot (de)	पति (m)	pati
echtgenote (de)	पत्नी (f)	patnī
gehuwd (mann.)	शादीशुदा	shādīshuda
gehuwd (vrouw.)	शादीशुदा	shādīshuda
ongehuwd (mann.)	अविवाहित	avivāhit
vrijgezel (de)	कुँआरा (m)	kunāra
gescheiden (bn)	तलाक़शुदा	talāqashuda
weduwe (de)	विधवा (f)	vidhava
weduwnaar (de)	विधुर (m)	vidhur
familielid (het)	रिश्तेदार (m)	rishtedār
dichte familielid (het)	सम्बंधी (m)	sambandhī
verre familielid (het)	दूर का रिश्तेदार (m)	dūr ka rishtedār
familieleden (mv.)	रिश्तेदार (m pl)	rishtedār
wees (de), weeskind (het)	अनाथ (m)	anāth
voogd (de)	अभिभावक (m)	abhibhāvak
adopteren (een jongen te ~)	लड़का गोद लेना	laraka god lena
adopteren (een meisje te ~)	लड़की गोद लेना	larakī god lena

60. Vrienden. Collega's

vriend (de)	दोस्त (m)	dost
vriendin (de)	सहेली (f)	sahelī
vriendschap (de)	दोस्ती (f)	dostī
bevriend zijn (ww)	दोस्त होना	dost hona
makker (de)	मित्र (m)	mitr
vriendin (de)	सहेली (f)	sahelī
partner (de)	पार्टनर (m)	pārtanar
chef (de)	चीफ़ (m)	chīf
baas (de)	अधीक्षक (m)	adhīkshak
ondergeschikte (de)	अधीनस्थ (m)	adhīnasth
collega (de)	सहकर्मी (m)	sahakarmī
kennis (de)	परिचित आदमी (m)	parichit ādamī

medereiziger (de)	सहगामी (m)	sahagāmī
klasgenoot (de)	सहपाठी (m)	sahapāthī
buurman (de)	पड़ोसी (m)	parosī
buurvrouw (de)	पड़ोसन (f)	parosan
buren (mv.)	पड़ोसी (m pl)	parosī

MENSELIJK LICHAAM. GENEESKUNDE

61. Hoofd

hoofd (het)	सिर (m)	sir
gezicht (het)	चेहरा (m)	chehara
neus (de)	नाक (f)	nāk
mond (de)	मुँह (m)	munh
oog (het)	आँख (f)	ānkh
ogen (mv.)	आँखें (f)	ānkhen
pupil (de)	आँख की पुतली (f)	ānkh kī putalī
wenkbrauw (de)	भौंह (f)	bhaunh
wimper (de)	बरौनी (f)	baraunī
ooglid (het)	पलक (m)	palak
tong (de)	जीभ (m)	jībh
tand (de)	दाँत (f)	dānt
lippen (mv.)	होंठ (m)	honth
jukbeenderen (mv.)	गाल की हड्डी (f)	gāl kī haddī
tandvlees (het)	मसूड़ा (m)	masūra
gehemelte (het)	तालु (m)	tālu
neusgaten (mv.)	नथने (m pl)	nathane
kin (de)	ठोड़ी (f)	thorī
kaak (de)	जबड़ा (m)	jabara
wang (de)	गाल (m)	gāl
voorhoofd (het)	माथा (m)	mātha
slaap (de)	कनपट्टी (f)	kanapattī
oor (het)	कान (m)	kān
achterhoofd (het)	सिर का पिछला हिस्सा (m)	sir ka pichhala hissa
hals (de)	गरदन (m)	garadan
keel (de)	गला (m)	gala
haren (mv.)	बाल (m pl)	bāl
kapsel (het)	हेयरस्टाइल (m)	heyarastail
haarsnit (de)	हेयरकट (m)	heyarakat
pruik (de)	नकली बाल (m)	nakalī bāl
snor (de)	मूँछें (f pl)	mūnchhen
baard (de)	दाढ़ी (f)	dārhī
dragen (een baard, enz.)	होना	hona
vlecht (de)	चोटी (f)	chotī
bakkebaarden (mv.)	गलमुच्छा (m)	galamuchchha
ros (roodachtig, rossig)	लाल बाल	lāl bāl
grijs (~ haar)	सफ़ेद बाल	safed bāl
kaal (bn)	गंजा	ganja
kale plek (de)	गंजाई (f)	ganjaī

paardenstaart (de)	पोनी-टेल (f)	ponī-tel
pony (de)	बेंग (m)	beng

62. Menselijk lichaam

hand (de)	हाथ (m)	hāth
arm (de)	बाँह (m)	bānh
vinger (de)	उँगली (m)	ungalī
duim (de)	अँगूठा (m)	angūtha
pink (de)	छोटी उंगली (f)	chhotī ungalī
nagel (de)	नाखून (m)	nākhūn
vuist (de)	मुट्ठी (m)	mutthī
handpalm (de)	हथेली (f)	hathelī
pols (de)	कलाई (f)	kalaī
voorarm (de)	प्रकोष्ठ (m)	prakoshth
elleboog (de)	कोहनी (f)	kohanī
schouder (de)	कंधा (m)	kandha
been (rechter ~)	टाँग (f)	tāng
voet (de)	पैर का तलवा (m)	pair ka talava
knie (de)	घुटना (m)	ghutana
kuit (de)	पिंडली (f)	pindalī
heup (de)	जाँघ (f)	jāngh
hiel (de)	एड़ी (f)	erī
lichaam (het)	शरीर (m)	sharīr
buik (de)	पेट (m)	pet
borst (de)	सीना (m)	sīna
borst (de)	स्तन (f)	stan
zijde (de)	कूल्हा (m)	kūlha
rug (de)	पीठ (f)	pīth
lage rug (de)	पीठ का निचला हिस्सा (m)	pīth ka nichala hissa
taille (de)	कमर (f)	kamar
navel (de)	नाभी (f)	nābhī
billen (mv.)	नितंब (m pl)	nitamb
achterwerk (het)	नितम्ब (m)	nitamb
huidvlek (de)	सौंदर्य चिन्ह (f)	saundary chinh
moedervlek (de)	जन्म चिह्न (m)	janm chihn
tatoeage (de)	टैटू (m)	taitū
litteken (het)	घाव का निशान (m)	ghāv ka nishān

63. Ziekten

ziekte (de)	बीमारी (f)	bīmārī
ziek zijn (ww)	बीमार होना	bīmār hona
gezondheid (de)	सेहत (f)	sehat
snotneus (de)	नज़ला (m)	nazala
angina (de)	टॉन्सिल (m)	tonsil

verkoudheid (de)	ज़ुकाम (f)	zukām
verkouden raken (ww)	ज़ुकाम हो जाना	zukām ho jāna
bronchitis (de)	ब्रॉन्काइटिस (m)	bronkaitis
longontsteking (de)	निमोनिया (f)	nimoniya
griep (de)	फ़्लू (m)	flū
bijziend (bn)	कमबीन	kamabīn
verziend (bn)	कमज़ोर दूरदृष्टि	kamazor dūradrshti
scheelheid (de)	तिरछी नज़र (m)	tirachhī nazar
scheel (bn)	तिरछी नज़रवाला	tirachhī nazaravāla
grauwe staar (de)	मोतिया बिंद (m)	motiya bind
glaucoom (het)	काला मोतिया (m)	kāla motiya
beroerte (de)	स्ट्रोक (m)	strok
hartinfarct (het)	दिल का दौरा (m)	dil ka daura
myocardiaal infarct (het)	मायोकार्डियल इन्फ़ार्क्शन (m)	māyokārdiyal infārkshan
verlamming (de)	लकवा (m)	lakava
verlammen (ww)	लक़वा मारना	laqava mārana
allergie (de)	एलर्जी (f)	elarjī
astma (de/het)	दमा (f)	dama
diabetes (de)	शूगर (f)	shūgar
tandpijn (de)	दाँत दर्द (m)	dānt dard
tandbederf (het)	दाँत में कीड़ा (m)	dānt men kīra
diarree (de)	दस्त (m)	dast
constipatie (de)	कब्ज़ (m)	kabz
maagstoornis (de)	पेट ख़राब (m)	pet kharāb
voedselvergiftiging (de)	ख़राब खाने से हुई बीमारी (f)	kharāb khāne se huī bīmārī
voedselvergiftiging oplopen	ख़राब खाने से बीमार पड़ना	kharāb khāne se bīmār parana
artritis (de)	गठिया (m)	gathiya
rachitis (de)	बालवक्र (m)	bālavakr
reuma (het)	आमवात (m)	āmavāt
arteriosclerose (de)	धमनीकलाकाठिन्य (m)	dhamanīkalākāthiny
gastritis (de)	जठर-शोथ (m)	jathar-shoth
blindedarmontsteking (de)	उण्डुक-शोथ (m)	unduk-shoth
galblaasontsteking (de)	पित्ताशय (m)	pittāshay
zweer (de)	अल्सर (m)	alsar
mazelen (mv.)	मीज़ल्स (m)	mīzals
rodehond (de)	जर्मन मीज़ल्स (m)	jarman mīzals
geelzucht (de)	पीलिया (m)	pīliya
leverontsteking (de)	हेपेटाइटिस (m)	hepetaitis
schizofrenie (de)	शीज़ोफ़्रेनीय (f)	shīzofrenīy
dolheid (de)	रेबीज़ (m)	rebīz
neurose (de)	न्यूरोसिस (m)	nyūrosis
hersenschudding (de)	आघात (m)	āghāt
kanker (de)	कर्क रोग (m)	kark rog
sclerose (de)	काठिन्य (m)	kāthiny

multiple sclerose (de)	मल्टीपल स्क्लेरोसिस (m)	maltīpal sklerosis
alcoholisme (het)	शराबीपन (m)	sharābīpan
alcoholicus (de)	शराबी (m)	sharābī
syfilis (de)	सीफ़ीलिस (m)	sīfīlis
AIDS (de)	ऐड्स (m)	aids
tumor (de)	ट्यूमर (m)	tyūmar
kwaadaardig (bn)	घातक	ghātak
goedaardig (bn)	अर्बुद	arbud
koorts (de)	बुखार (m)	bukhār
malaria (de)	मलेरिया (f)	maleriya
gangreen (het)	गैन्ग्रीन (m)	gaingrīn
zeeziekte (de)	जहाज़ी मतली (f)	jahāzī matalī
epilepsie (de)	मिरगी (f)	miragī
epidemie (de)	महामारी (f)	mahāmārī
tyfus (de)	टाइफ़स (m)	taifas
tuberculose (de)	टीबी (m)	tībī
cholera (de)	हैज़ा (f)	haiza
pest (de)	प्लेग (f)	pleg

64. Symptomen. Behandelingen. Deel 1

symptoom (het)	लक्षण (m)	lakshan
temperatuur (de)	तापमान (m)	tāpamān
verhoogde temperatuur (de)	बुखार (f)	bukhār
polsslag (de)	नब्ज़ (f)	nabz
duizeling (de)	सिर का चक्कर (m)	sir ka chakkar
heet (erg warm)	गरम	garam
koude rillingen (mv.)	कंपकंपी (f)	kampakampī
bleek (bn)	पीला	pīla
hoest (de)	खाँसी (f)	khānsī
hoesten (ww)	खाँसना	khānsana
niezen (ww)	छींकना	chhīnkana
flauwte (de)	बेहोशी (f)	behoshī
flauwvallen (ww)	बेहोश होना	behosh hona
blauwe plek (de)	नील (m)	nīl
buil (de)	गुमड़ा (m)	gumara
zich stoten (ww)	चोट लगना	chot lagana
kneuzing (de)	चोट (f)	chot
kneuzen (gekneusd zijn)	घाव लगना	ghāv lagana
hinken (ww)	लँगड़ाना	langarāna
verstuiking (de)	हड्डी खिसकना (f)	haddī khisakana
verstuiken (enkel, enz.)	हड्डी खिसकना	haddī khisakana
breuk (de)	हड्डी टूट जाना (f)	haddī tūt jāna
een breuk oplopen	हड्डी टूट जाना	haddī tūt jāna
snijwond (de)	कट जाना (m)	kat jāna
zich snijden (ww)	ख़ुद को काट लेना	khud ko kāt lena

bloeding (de)	रक्त-स्राव (m)	rakt-srāv
brandwond (de)	जला होना	jala hona
zich branden (ww)	जल जाना	jal jāna
prikken (ww)	चुभाना	chubhāna
zich prikken (ww)	ख़ुद को चुभाना	khud ko chubhāna
blesseren (ww)	घायल करना	ghāyal karana
blessure (letsel)	चोट (f)	chot
wond (de)	घाव (m)	ghāv
trauma (het)	चोट (f)	chot
IJlen (ww)	बेहोशी में बड़बड़ाना	behoshī men barabadāna
stotteren (ww)	हकलाना	hakalāna
zonnesteek (de)	धूप आघात (m)	dhūp āghāt

65. Symptomen. Behandelingen. Deel 2

pijn (de)	दर्द (f)	dard
splinter (de)	चुभ जाना (m)	chubh jāna
zweet (het)	पसीना (f)	pasīna
zweten (ww)	पसीना निकलना	pasīna nikalana
braking (de)	वमन (m)	vaman
stuiptrekkingen (mv.)	दौरा (m)	daura
zwanger (bn)	गर्भवती	garbhavatī
geboren worden (ww)	जन्म लेना	janm lena
geboorte (de)	पैदा करना (m)	paida karana
baren (ww)	पैदा करना	paida karana
abortus (de)	गर्भपात (m)	garbhapāt
ademhaling (de)	साँस (f)	sāns
inademing (de)	साँस अंदर खींचना (f)	sāns andar khīnchana
uitademing (de)	साँस बाहर छोड़ना (f)	sāns bāhar chhorana
uitademen (ww)	साँस बाहर छोड़ना	sāns bāhar chhorana
inademen (ww)	साँस अंदर खींचना	sāns andar khīnchana
invalide (de)	अपाहिज (m)	apāhij
gehandicapte (de)	लूला (m)	lūla
drugsverslaafde (de)	नशेबाज़ (m)	nashebāz
doof (bn)	बहरा	bahara
stom (bn)	गूँगा	gūnga
doofstom (bn)	बहरा और गूँगा	bahara aur gūnga
krankzinnig (bn)	पागल	pāgal
krankzinnige (man)	पगला (m)	pagala
krankzinnige (vrouw)	पगली (f)	pagalī
krankzinnig worden	पागल हो जाना	pāgal ho jāna
gen (het)	वंशाणु (m)	vanshānu
immuniteit (de)	रोग प्रतिरोधक शक्ति (f)	rog pratirodhak shakti
erfelijk (bn)	जन्मजात	janmajāt
aangeboren (bn)	पैदाइशी	paidaishī

virus (het)	विषाणु (m)	vishānu
microbe (de)	कीटाणु (m)	kītānu
bacterie (de)	जीवाणु (m)	jīvānu
infectie (de)	संक्रमण (m)	sankraman

66. Symptomen. Behandelingen. Deel 3

ziekenhuis (het)	अस्पताल (m)	aspatāl
patiënt (de)	मरीज़ (m)	marīz
diagnose (de)	रोग-निर्णय (m)	rog-nirnay
genezing (de)	इलाज (m)	ilāj
medische behandeling (de)	चिकित्सीय उपचार (m)	chikitsīy upachār
onder behandeling zijn	इलाज कराना	ilāj karāna
behandelen (ww)	इलाज करना	ilāj karana
zorgen (zieken ~)	देखभाल करना	dekhabhāl karana
ziekenzorg (de)	देखभाल (f)	dekhabhāl
operatie (de)	ऑपरेशन (m)	opareshan
verbinden (een arm ~)	पट्टी बाँधना	pattī bāndhana
verband (het)	पट्टी (f)	pattī
vaccin (het)	टीका (m)	tīka
inenten (vaccineren)	टीका लगाना	tīka lagāna
injectie (de)	इंजेक्शन (m)	injekshan
een injectie geven	इंजेक्शन लगाना	injekshan lagāna
amputatie (de)	अंगविच्छेद (f)	angavichchhed
amputeren (ww)	अंगविच्छेद करना	angavichchhed karana
coma (het)	कोमा (m)	koma
in coma liggen	कोमा में चले जाना	koma men chale jāna
intensieve zorg, ICU (de)	गहन चिकित्सा (f)	gahan chikitsa
zich herstellen (ww)	ठीक हो जाना	thīk ho jāna
toestand (de)	हालत (m)	hālat
bewustzijn (het)	होश (m)	hosh
geheugen (het)	याददाश्त (f)	yādadāsht
trekken (een kies ~)	दाँत निकालना	dānt nikālana
vulling (de)	भराव (m)	bharāv
vullen (ww)	दाँत को भरना	dānt ko bharana
hypnose (de)	हिपनोसिस (m)	hipanosis
hypnotiseren (ww)	हिपनोटाइज़ करना	hipanotaiz karana

67. Geneeskunde. Medicijnen. Accessoires

geneesmiddel (het)	दवा (f)	dava
middel (het)	दवाई (f)	davaī
voorschrijven (ww)	नुसख़ा लिखना	nusakha likhana
recept (het)	नुसख़ा (m)	nusakha
tablet (de/het)	गोली (f)	golī

zalf (de)	मरहम (m)	maraham
ampul (de)	एम्प्यूल (m)	empyūl
drank (de)	सिरप (m)	sirap
siroop (de)	शरबत (m)	sharabat
pil (de)	गोली (f)	golī
poeder (de/het)	चूरन (m)	chūran
verband (het)	पट्टी (f)	pattī
watten (mv.)	रूई का गोला (m)	rūī ka gola
jodium (het)	आयोडीन (m)	āyodīn
pleister (de)	बैंड-एड (m)	baind-ed
pipet (de)	आई-ड्रॉपर (m)	āī-dropar
thermometer (de)	थरमामीटर (m)	tharamāmītar
spuit (de)	इंजेक्शन (m)	injekshan
rolstoel (de)	व्हीलचेयर (f)	vhīlacheyar
krukken (mv.)	बैसाखी (m pl)	baisākhī
pijnstiller (de)	दर्द-निवारक (f)	dard-nivārak
laxeermiddel (het)	जुलाब की गोली (f)	julāb kī golī
spiritus (de)	स्पिरिट (m)	spirit
medicinale kruiden (mv.)	जड़ी-बूटी (f)	jarī-būtī
kruiden- (abn)	जड़ी-बूटियों से बना	jarī-būtiyon se bana

APPARTEMENT

68. Appartement

appartement (het)	फ़्लैट (f)	flait
kamer (de)	कमरा (m)	kamara
slaapkamer (de)	सोने का कमरा (m)	sone ka kamara
eetkamer (de)	खाने का कमरा (m)	khāne ka kamara
salon (de)	बैठक (f)	baithak
studeerkamer (de)	घरेलू कार्यालय (m)	gharelū kāryālay
gang (de)	प्रवेश कक्ष (m)	pravesh kaksh
badkamer (de)	स्नानघर (m)	snānaghar
toilet (het)	शौचालय (m)	shauchālay
plafond (het)	छत (f)	chhat
vloer (de)	फ़र्श (m)	farsh
hoek (de)	कोना (m)	kona

69. Meubels. Interieur

meubels (mv.)	फ़र्निचर (m)	farnichar
tafel (de)	मेज़ (f)	mez
stoel (de)	कुर्सी (f)	kursī
bed (het)	पलंग (m)	palang
bankstel (het)	सोफ़ा (m)	sofa
fauteuil (de)	हत्थे वाली कुर्सी (f)	hatthe vālī kursī
boekenkast (de)	किताबों की अलमारी (f)	kitābon kī alamārī
boekenrek (het)	शेल्फ़ (f)	shelf
kledingkast (de)	कपड़ों की अलमारी (f)	kaparon kī alamārī
kapstok (de)	खूँटी (f)	khūntī
staande kapstok (de)	खूँटी (f)	khūntī
commode (de)	कपड़ों की अलमारी (f)	kaparon kī alamārī
salontafeltje (het)	कॉफ़ी की मेज़ (f)	kofī kī mez
spiegel (de)	आईना (m)	āīna
tapijt (het)	कालीन (m)	kālīn
tapijtje (het)	दरी (f)	darī
haard (de)	चिमनी (f)	chimanī
kaars (de)	मोमबत्ती (f)	momabattī
kandelaar (de)	मोमबत्तीदान (m)	momabattīdān
gordijnen (mv.)	परदे (m pl)	parade
behang (het)	वॉल पेपर (m)	vol pepar

jaloezie (de)	जेलुज़ी (f pl)	jeluzī
bureaulamp (de)	मेज़ का लैम्प (m)	mez ka laimp
wandlamp (de)	दिवार का लैम्प (m)	divār ka laimp
staande lamp (de)	फ़र्श का लैम्प (m)	farsh ka laimp
luchter (de)	झूमर (m)	jhūmar
poot (ov. een tafel, enz.)	पाँव (m)	pānv
armleuning (de)	कुर्सी का हत्था (m)	kursī ka hattha
rugleuning (de)	कुर्सी की पीठ (f)	kursī kī pīth
la (de)	दराज़ (m)	darāz

70. Beddengoed

beddengoed (het)	बिस्तर के कपड़े (m)	bistar ke kapare
kussen (het)	तकिया (m)	takiya
kussenovertrek (de)	ग़िलाफ़ (m)	gilāf
deken (de)	रज़ाई (f)	razaī
laken (het)	चादर (f)	chādar
sprei (de)	चादर (f)	chādar

71. Keuken

keuken (de)	रसोईघर (m)	rasoīghar
gas (het)	गैस (m)	gais
gasfornuis (het)	गैस का चूल्हा (m)	gais ka chūlha
elektrisch fornuis (het)	बिजली का चूल्हा (m)	bijalī ka chūlha
oven (de)	ओवन (m)	ovan
magnetronoven (de)	माइक्रोवेव ओवन (m)	maikrovev ovan
koelkast (de)	फ्रिज (m)	frij
diepvriezer (de)	फ़्रीजर (m)	frījar
vaatwasmachine (de)	डिशवॉशर (m)	dishavoshar
vleesmolen (de)	कीमा बनाने की मशीन (f)	kīma banāne kī mashīn
vruchtenpers (de)	जूसर (m)	jūsar
toaster (de)	टोस्टर (m)	tostar
mixer (de)	मिक्सर (m)	miksar
koffiemachine (de)	कॉफ़ी मशीन (f)	kofī mashīn
koffiepot (de)	कॉफ़ी पॉट (m)	kofī pot
koffiemolen (de)	कॉफ़ी पीसने की मशीन (f)	kofī pīsane kī mashīn
fluitketel (de)	केतली (f)	ketalī
theepot (de)	चायदानी (f)	chāyadānī
deksel (de/het)	ढक्कन (m)	dhakkan
theezeefje (het)	छलनी (f)	chhalanī
lepel (de)	चम्मच (m)	chammach
theelepeltje (het)	चम्मच (m)	chammach
eetlepel (de)	चम्मच (m)	chammach
vork (de)	काँटा (m)	kānta
mes (het)	छुरी (f)	chhurī

vaatwerk (het)	बरतन (m)	baratan
bord (het)	तश्तरी (f)	tashtarī
schoteltje (het)	तश्तरी (f)	tashtarī
likeurglas (het)	जाम (m)	jām
glas (het)	गिलास (m)	gilās
kopje (het)	प्याला (m)	pyāla
suikerpot (de)	चीनीदानी (f)	chīnīdānī
zoutvat (het)	नमकदानी (m)	namakadānī
pepervat (het)	मिर्चदानी (f)	mirchadānī
boterschaaltje (het)	मक्खनदानी (f)	makkhanadānī
steelpan (de)	सॉसपैन (m)	sosapain
bakpan (de)	फ्राइ पैन (f)	frai pain
pollepel (de)	डोई (f)	doī
vergiet (de/het)	कालेन्डर (m)	kālendar
dienblad (het)	थाली (m)	thālī
fles (de)	बोतल (f)	botal
glazen pot (de)	शीशी (f)	shīshī
blik (conserven~)	डिब्बा (m)	dibba
flesopener (de)	बोतल ओपनर (m)	botal opanar
blikopener (de)	ओपनर (m)	opanar
kurkentrekker (de)	पेंचकस (m)	penchakas
filter (de/het)	फ़िल्टर (m)	filtar
filteren (ww)	फ़िल्टर करना	filtar karana
huisvuil (het)	कूड़ा (m)	kūra
vuilnisemmer (de)	कूड़े की बाल्टी (f)	kūre kī bāltī

72. Badkamer

badkamer (de)	स्नानघर (m)	snānaghar
water (het)	पानी (m)	pānī
kraan (de)	नल (m)	nal
warm water (het)	गरम पानी (m)	garam pānī
koud water (het)	ठंडा पानी (m)	thanda pānī
tandpasta (de)	टूथपेस्ट (m)	tūthapest
tanden poetsen (ww)	दाँत ब्रश करना	dānt brash karana
zich scheren (ww)	शेव करना	shev karana
scheercrème (de)	शेविंग फ़ोम (m)	sheving fom
scheermes (het)	रेज़र (f)	rezar
wassen (ww)	धोना	dhona
een bad nemen	नहाना	nahāna
douche (de)	शावर (m)	shāvar
een douche nemen	शावर लेना	shāvar lena
bad (het)	बाथटब (m)	bāthatab
toiletpot (de)	संडास (m)	sandās

wastafel (de)	सिंक (m)	sink
zeep (de)	साबुन (m)	sābun
zeepbakje (het)	साबुनदानी (f)	sābunadānī
spons (de)	स्पंज (f)	spanj
shampoo (de)	शैम्पू (m)	shaimpū
handdoek (de)	तौलिया (f)	tauliya
badjas (de)	चोगा (m)	choga
was (bijv. handwas)	धुलाई (f)	dhulaī
wasmachine (de)	वॉशिंग मशीन (f)	voshing mashīn
de was doen	कपड़े धोना	kapare dhona
waspoeder (de)	कपड़े धोने का पाउडर (m)	kapare dhone ka paudar

73. Huishoudelijke apparaten

televisie (de)	टीवी सेट (m)	tīvī set
cassettespeler (de)	टेप रिकार्डर (m)	tep rikārdar
videorecorder (de)	वीडियो टेप रिकार्डर (m)	vīdiyo tep rikārdar
radio (de)	रेडियो (m)	rediyo
speler (de)	प्लेयर (m)	pleyar
videoprojector (de)	वीडियो प्रोजेक्टर (m)	vīdiyo projektar
home theater systeem (het)	होम थीएटर (m)	hom thīetar
DVD-speler (de)	डीवीडी प्लेयर (m)	dīvīdī pleyar
versterker (de)	ध्वनि-विस्तारक (m)	dhvani-vistārak
spelconsole (de)	वीडियो गेम कन्सोल (m)	vīdiyo gem kansol
videocamera (de)	वीडियो कैमरा (m)	vīdiyo kaimara
fotocamera (de)	कैमरा (m)	kaimara
digitale camera (de)	डीजिटल कैमरा (m)	dījital kaimara
stofzuiger (de)	वैक्यूम क्लीनर (m)	vaikyūm klīnar
strijkijzer (het)	इस्तरी (f)	istarī
strijkplank (de)	इस्तरी तख़्ता (m)	istarī takhta
telefoon (de)	टेलीफ़ोन (m)	telīfon
mobieltje (het)	मोबाइल फ़ोन (m)	mobail fon
schrijfmachine (de)	टाइपराइटर (m)	taiparaitar
naaimachine (de)	सिलाई मशीन (f)	silaī mashīn
microfoon (de)	माइक्रोफ़ोन (m)	maikrofon
koptelefoon (de)	हैड़फ़ोन (m pl)	hairafon
afstandsbediening (de)	रिमोट (m)	rimot
CD (de)	सीडी (m)	sīdī
cassette (de)	कैसेट (f)	kaiset
vinylplaat (de)	रिकार्ड (m)	rikārd

DE AARDE. WEER

74. De kosmische ruimte

kosmos (de)	अंतरिक्ष (m)	antariksh
kosmisch (bn)	अंतरिक्षीय	antarikshīy
kosmische ruimte (de)	अंतरिक्ष (m)	antariksh
wereld (de), heelal (het)	ब्रह्माण्ड (m)	brahmānd
sterrenstelsel (het)	आकाशगंगा (f)	ākāshaganga
ster (de)	सितारा (m)	sitāra
sterrenbeeld (het)	नक्षत्र (m)	nakshatr
planeet (de)	ग्रह (m)	grah
satelliet (de)	उपग्रह (m)	upagrah
meteoriet (de)	उल्का पिंड (m)	ulka pind
komeet (de)	पुच्छल तारा (m)	puchchhal tāra
asteroïde (de)	ग्रहिका (f)	grahika
baan (de)	ग्रहपथ (m)	grahapath
draaien (om de zon, enz.)	चक्कर लगना	chakkar lagana
atmosfeer (de)	वातावरण (m)	vātāvaran
Zon (de)	सूरज (m)	sūraj
zonnestelsel (het)	सौर प्रणाली (f)	saur pranālī
zonsverduistering (de)	सूर्य ग्रहण (m)	sūry grahan
Aarde (de)	पृथ्वी (f)	prthvī
Maan (de)	चांद (m)	chānd
Mars (de)	मंगल (m)	mangal
Venus (de)	शुक्र (m)	shukr
Jupiter (de)	बृहस्पति (m)	brhaspati
Saturnus (de)	शनि (m)	shani
Mercurius (de)	बुध (m)	budh
Uranus (de)	अरुण (m)	arun
Neptunus (de)	वरूण (m)	varūn
Pluto (de)	प्लूटो (m)	plūto
Melkweg (de)	आकाश गंगा (f)	ākāsh ganga
Grote Beer (de)	सप्तर्षिमंडल (m)	saptarshimandal
Poolster (de)	ध्रुव तारा (m)	dhruv tāra
marsmannetje (het)	मंगल ग्रह का निवासी (m)	mangal grah ka nivāsī
buitenaards wezen (het)	अन्य नक्षत्र का निवासी (m)	any nakshatr ka nivāsī
bovenaards (het)	अन्य नक्षत्र का निवासी (m)	any nakshatr ka nivāsī
vliegende schotel (de)	उड़न तश्तरी (f)	uran tashtarī
ruimtevaartuig (het)	अंतरिक्ष विमान (m)	antariksh vimān
ruimtestation (het)	अंतरिक्ष अड्डा (m)	antariksh adda

start (de)	चालू करना (m)	chālū karana
motor (de)	इंजन (m)	injan
straalpijp (de)	नोज़ल (m)	nozal
brandstof (de)	ईंधन (m)	īndhan
cabine (de)	केबिन (m)	kebin
antenne (de)	एरियल (m)	eriyal
patrijspoort (de)	विमान गवाक्ष (m)	vimān gavāksh
zonnebatterij (de)	सौर पेनल (m)	saur penal
ruimtepak (het)	अंतरिक्ष पोशाक (m)	antariksh poshāk
gewichtloosheid (de)	भारहीनता (m)	bhārahīnata
zuurstof (de)	आक्सीजन (m)	āksījan
koppeling (de)	डॉकिंग (f)	doking
koppeling maken	डॉकिंग करना	doking karana
observatorium (het)	वेधशाला (m)	vedhashāla
telescoop (de)	दूरबीन (f)	dūrabīn
waarnemen (ww)	देखना	dekhana
exploreren (ww)	जाँचना	jānchana

75. De Aarde

Aarde (de)	पृथ्वी (f)	prthvī
aardbol (de)	गोला (m)	gola
planeet (de)	ग्रह (m)	grah
atmosfeer (de)	वातावरण (m)	vātāvaran
aardrijkskunde (de)	भूगोल (m)	bhūgol
natuur (de)	प्रकृति (f)	prakrti
wereldbol (de)	गोलक (m)	golak
kaart (de)	नक्शा (m)	naksha
atlas (de)	मानचित्रावली (f)	mānachitrāvalī
Europa (het)	यूरोप (m)	yūrop
Azië (het)	एशिया (f)	eshiya
Afrika (het)	अफ्रीका (m)	afrīka
Australië (het)	ऑस्ट्रेलिया (m)	ostreliya
Amerika (het)	अमेरिका (f)	amerika
Noord-Amerika (het)	उत्तरी अमेरिका (f)	uttarī amerika
Zuid-Amerika (het)	दक्षिणी अमेरिका (f)	dakshinī amerika
Antarctica (het)	अंटार्कटिक (m)	antārkatik
Arctis (de)	आर्कटिक (m)	ārkatik

76. Windrichtingen

noorden (het)	उत्तर (m)	uttar
naar het noorden	उत्तर की ओर	uttar kī or

in het noorden	उत्तर में	uttar men
noordelijk (bn)	उत्तरी	uttarī
zuiden (het)	दक्षिण (m)	dakshin
naar het zuiden	दक्षिण की ओर	dakshin kī or
in het zuiden	दक्षिण में	dakshin men
zuidelijk (bn)	दक्षिणी	dakshinī
westen (het)	पश्चिम (m)	pashchim
naar het westen	पश्चिम की ओर	pashchim kī or
in het westen	पश्चिम में	pashchim men
westelijk (bn)	पश्चिमी	pashchimī
oosten (het)	पूर्व (m)	pūrv
naar het oosten	पूर्व की ओर	pūrv kī or
in het oosten	पूर्व में	pūrv men
oostelijk (bn)	पूर्वी	pūrvī

77. Zee. Oceaan

zee (de)	सागर (m)	sāgar
oceaan (de)	महासागर (m)	mahāsāgar
golf (baai)	खाड़ी (f)	khārī
straat (de)	जलग्रीवा (m)	jalagrīva
continent (het)	महाद्वीप (m)	mahādvīp
eiland (het)	द्वीप (m)	dvīp
schiereiland (het)	प्रायद्वीप (m)	prāyadvīp
archipel (de)	द्वीप समूह (m)	dvīp samūh
baai, bocht (de)	तट-खाड़ी (f)	tat-khārī
haven (de)	बंदरगाह (m)	bandaragāh
lagune (de)	लैगून (m)	laigūn
kaap (de)	अंतरीप (m)	antarīp
atol (de)	एटोल (m)	etol
rif (het)	रीफ़ (m)	rīf
koraal (het)	प्रवाल (m)	pravāl
koraalrif (het)	प्रवाल रीफ़ (m)	pravāl rīf
diep (bn)	गहरा	gahara
diepte (de)	गहराई (f)	gaharaī
diepzee (de)	रसातल (m)	rasātal
trog (bijv. Marianentrog)	गढ़ा (m)	garha
stroming (de)	धारा (f)	dhāra
omspoelen (ww)	घिरा होना	ghira hona
oever (de)	किनारा (m)	kināra
kust (de)	तटबंध (m)	tatabandh
vloed (de)	ज्वार (m)	jvār
eb (de)	भाटा (m)	bhāta
ondiepte (ondiep water)	रेती (m)	retī

bodem (de)	तला (m)	tala
golf (hoge ~)	तरंग (f)	tarang
golfkam (de)	तरंग शिखर (f)	tarang shikhar
schuim (het)	झाग (m)	jhāg
orkaan (de)	तूफ़ान (m)	tufān
tsunami (de)	सुनामी (f)	sunāmī
windstilte (de)	शांत (m)	shānt
kalm (bijv. ~e zee)	शांत	shānt
pool (de)	ध्रुव (m)	dhruv
polair (bn)	ध्रुवीय	dhruvīy
breedtegraad (de)	अक्षांश (m)	akshānsh
lengtegraad (de)	देशान्तर (m)	deshāntar
parallel (de)	समांतर-रेखा (f)	samāntar-rekha
evenaar (de)	भूमध्य रेखा (f)	bhūmadhy rekha
hemel (de)	आकाश (f)	ākāsh
horizon (de)	क्षितिज (m)	kshitij
lucht (de)	हवा (f)	hava
vuurtoren (de)	प्रकाशस्तंभ (m)	prakāshastambh
duiken (ww)	गोता मारना	gota mārana
zinken (ov. een boot)	डूब जाना	dūb jāna
schatten (mv.)	खज़ाना (m)	khazāna

78. Namen van zeeën en oceanen

Atlantische Oceaan (de)	अटलांटिक महासागर (m)	atalāntik mahāsāgar
Indische Oceaan (de)	हिन्द महासागर (m)	hind mahāsāgar
Stille Oceaan (de)	प्रशांत महासागर (m)	prashānt mahāsāgar
Noordelijke IJszee (de)	उत्तरी ध्रुव महासागर (m)	uttarī dhuv mahāsāgar
Zwarte Zee (de)	काला सागर (m)	kāla sāgar
Rode Zee (de)	लाल सागर (m)	lāl sāgar
Gele Zee (de)	पीला सागर (m)	pīla sāgar
Witte Zee (de)	सफ़ेद सागर (m)	safed sāgar
Kaspische Zee (de)	कैस्पियन सागर (m)	kaispiyan sāgar
Dode Zee (de)	मृत सागर (m)	mrt sāgar
Middellandse Zee (de)	भूमध्य सागर (m)	bhūmadhy sāgar
Egeïsche Zee (de)	ईजियन सागर (m)	ījiyan sāgar
Adriatische Zee (de)	एड्रिएटिक सागर (m)	edrietik sāgar
Arabische Zee (de)	अरब सागर (m)	arab sāgar
Japanse Zee (de)	जापान सागर (m)	jāpān sāgar
Beringzee (de)	बेरिंग सागर (m)	bering sāgar
Zuid-Chinese Zee (de)	दक्षिण चीन सागर (m)	dakshin chīn sāgar
Koraalzee (de)	कोरल सागर (m)	koral sāgar
Tasmanzee (de)	तस्मान सागर (m)	tasmān sāgar
Caribische Zee (de)	करिबियन सागर (m)	karibiyan sāgar

Barentszzee (de)	बैरेंट्स सागर (m)	bairents sāgar
Karische Zee (de)	काड़ा सागर (m)	kāra sāgar
Noordzee (de)	उत्तर सागर (m)	uttar sāgar
Baltische Zee (de)	बाल्टिक सागर (m)	bāltik sāgar
Noorse Zee (de)	नार्वे सागर (m)	nārve sāgar

79. Bergen

berg (de)	पहाड़ (m)	pahār
bergketen (de)	पर्वत माला (f)	parvat māla
gebergte (het)	पहाड़ों का सिलसिला (m)	pahāron ka silasila
bergtop (de)	चोटी (f)	chotī
bergpiek (de)	शिखर (m)	shikhar
voet (ov. de berg)	तलहटी (f)	talahatī
helling (de)	ढलान (f)	dhalān
vulkaan (de)	ज्वालामुखी (m)	jvālāmukhī
actieve vulkaan (de)	सक्रिय ज्वालामुखी (m)	sakriy jvālāmukhī
uitgedoofde vulkaan (de)	निष्क्रिय ज्वालामुखी (m)	nishkriy jvālāmukhī
uitbarsting (de)	विस्फोटन (m)	visfotan
krater (de)	ज्वालामुखी का मुख (m)	jvālāmukhī ka mukh
magma (het)	मैग्मा (m)	maigma
lava (de)	लावा (m)	lāva
gloeiend (~e lava)	पिघला हुआ	pighala hua
kloof (canyon)	घाटी (m)	ghātī
bergkloof (de)	तंग घाटी (f)	tang ghātī
spleet (de)	दरार (m)	darār
bergpas (de)	मार्ग (m)	mārg
plateau (het)	पठार (m)	pathār
klip (de)	शिला (f)	shila
heuvel (de)	टीला (m)	tīla
gletsjer (de)	हिमनद (m)	himanad
waterval (de)	झरना (m)	jharana
geiser (de)	उष्ण जल स्रोत (m)	ushn jal srot
meer (het)	तालाब (m)	tālāb
vlakte (de)	समतल प्रदेश (m)	samatal pradesh
landschap (het)	परिदृश्य (m)	paridrshy
echo (de)	गूँज (f)	gūnj
alpinist (de)	पर्वतारोही (m)	parvatārohī
bergbeklimmer (de)	पर्वतारोही (m)	parvatārohī
trotseren (berg ~)	चोटी पर पहुँचना	chotī par pahunchana
beklimming (de)	चढ़ाव (m)	charhāv

80. Bergen namen

Alpen (de)	आल्पस (m)	ālpas
Mont Blanc (de)	मोन्ट ब्लैंक (m)	mont blaink
Pyreneeën (de)	पाइरीनीज़ (f pl)	pairīnīz
Karpaten (de)	कार्पाथियेन्स (m)	kārpāthiyens
Oeralgebergte (het)	यूरल (m)	yūral
Kaukasus (de)	कोकेशिया के पहाड़ (m)	kokeshiya ke pahār
Elbroes (de)	एल्ब्रस पर्वत (m)	elbras parvat
Altaj (de)	अल्टाई पर्वत (m)	altaī parvat
Tiensjan (de)	तियान शान (m)	tiyān shān
Pamir (de)	पामीर पर्वत (m)	pāmīr parvat
Himalaya (de)	हिमालय (m)	himālay
Everest (de)	माउंट एवरेस्ट (m)	maunt evarest
Andes (de)	एंडीज़ (f pl)	endīz
Kilimanjaro (de)	किलीमन्जारो (m)	kilīmanjāro

81. Rivieren

rivier (de)	नदी (f)	nadī
bron (~ van een rivier)	झरना (m)	jharana
rivierbedding (de)	नदी तल (m)	nadī tal
rivierbekken (het)	बेसिन (m)	besin
uitmonden in ...	गिरना	girana
zijrivier (de)	उपनदी (f)	upanadī
oever (de)	तट (m)	tat
stroming (de)	धारा (f)	dhāra
stroomafwaarts (bw)	बहाव के साथ	bahāv ke sāth
stroomopwaarts (bw)	बहाव के विरुद्ध	bahāv ke virūddh
overstroming (de)	बाढ़ (f)	bārh
overstroming (de)	बाढ़ (f)	bārh
buiten zijn oevers treden	उमड़ना	umarana
overstromen (ww)	पानी से भरना	pānī se bharana
zandbank (de)	छिछला पानी (m)	chhichhala pānī
stroomversnelling (de)	तेज़ उतार (m)	tez utār
dam (de)	बांध (m)	bāndh
kanaal (het)	नहर (f)	nahar
spaarbekken (het)	जलाशय (m)	jalāshay
sluis (de)	स्लूस (m)	slūs
waterlichaam (het)	जल स्रोत (m)	jal srot
moeras (het)	दलदल (f)	daladal
broek (het)	दलदल (f)	daladal
draaikolk (de)	भंवर (m)	bhanvar
stroom (de)	झरना (m)	jharana

drink- (abn)	पीने का	pīne ka
zoet (~ water)	ताज़ा	tāza
IJs (het)	बर्फ़ (m)	barf
bevriezen (rivier, enz.)	जम जाना	jam jāna

82. Namen van rivieren

Seine (de)	सीन (f)	sīn
Loire (de)	लॉयर (f)	loyar
Theems (de)	थेम्स (f)	thems
Rijn (de)	राइन (f)	rain
Donau (de)	डेन्यूब (f)	denyūb
Wolga (de)	वोल्गा (f)	volga
Don (de)	डॉन (f)	don
Lena (de)	लेना (f)	lena
Gele Rivier (de)	ह्वांग हे (f)	hvāng he
Blauwe Rivier (de)	यांग्त्ज़ी (f)	yāngtzī
Mekong (de)	मेकांग (f)	mekāng
Ganges (de)	गंगा (f)	ganga
Nijl (de)	नील (f)	nīl
Kongo (de)	कांगो (f)	kāngo
Okavango (de)	ओकावान्गो (f)	okāvāngo
Zambezi (de)	ज़म्बेज़ी (f)	zambezī
Limpopo (de)	लिम्पोपो (f)	limpopo
Mississippi (de)	मिसिसिपी (f)	misisipī

83. Bos

bos (het)	जंगल (m)	jangal
bos- (abn)	जंगली	jangalī
oerwoud (dicht bos)	घना जंगल (m)	ghana jangal
bosje (klein bos)	उपवान (m)	upavān
open plek (de)	खुला छोटा मैदान (m)	khula chhota maidān
struikgewas (het)	झाड़ियाँ (f pl)	jhāriyān
struiken (mv.)	झाड़ियों भरा मैदान (m)	jhāriyon bhara maidān
paadje (het)	फुटपाथ (m)	futapāth
ravijn (het)	नाली (f)	nālī
boom (de)	पेड़ (m)	per
blad (het)	पत्ता (m)	patta
gebladerte (het)	पत्तियां (f)	pattiyān
vallende bladeren (mv.)	पतझड़ (m)	patajhar
vallen (ov. de bladeren)	गिरना	girana

boomtop (de)	शिखर (m)	shikhar
tak (de)	टहनी (f)	tahanī
ent (de)	शाखा (f)	shākha
knop (de)	कलिका (f)	kalika
naald (de)	सुई (f)	suī
dennenappel (de)	शंकुफल (m)	shankufal
boom holte (de)	खोखला (m)	khokhala
nest (het)	घोंसला (m)	ghonsala
hol (het)	बिल (m)	bil
stam (de)	तना (m)	tana
wortel (bijv. boom~s)	जड़ (f)	jar
schors (de)	छाल (f)	chhāl
mos (het)	काई (f)	kaī
ontwortelen (een boom)	उखाड़ना	ukhārana
kappen (een boom ~)	काटना	kātana
ontbossen (ww)	जंगल काटना	jangal kātana
stronk (de)	ठूंठ (m)	thūnth
kampvuur (het)	अलाव (m)	alāv
bosbrand (de)	जंगल की आग (f)	jangal kī āg
blussen (ww)	आग बुझाना	āg bujhāna
boswachter (de)	वनरक्षक (m)	vanarakshak
bescherming (de)	रक्षा (f)	raksha
beschermen (bijv. de natuur ~)	रक्षा करना	raksha karana
stroper (de)	चोर शिकारी (m)	chor shikārī
val (de)	फंदा (m)	fanda
plukken (vruchten, enz.)	बटोरना	batorana
verdwalen (de weg kwijt zijn)	रास्ता भूलना	rāsta bhūlana

84. Natuurlijke hulpbronnen

natuurlijke rijkdommen (mv.)	प्राकृतिक संसाधन (m pl)	prākrtik sansādhan
delfstoffen (mv.)	खनिज पदार्थ (m pl)	khanij padārth
lagen (mv.)	तह (f pl)	tah
veld (bijv. olie~)	क्षेत्र (m)	kshetr
winnen (uit erts ~)	खोदना	khodana
winning (de)	खनिकर्म (m)	khanikarm
erts (het)	अयस्क (m)	ayask
mijn (bijv. kolenmijn)	खान (f)	khān
mijnschacht (de)	शैफ़्ट (m)	shaifat
mijnwerker (de)	खनिक (m)	khanik
gas (het)	गैस (m)	gais
gasleiding (de)	गैस पाइप लाइन (m)	gais paip lain
olie (aardolie)	पेट्रोल (m)	petrol
olieleiding (de)	तेल पाइप लाइन (m)	tel paip lain

oliebron (de)	तेल का कुँआ (m)	tel ka kuna
boortoren (de)	डेरिक (m)	derik
tanker (de)	टैंकर (m)	tainkar
zand (het)	रेत (m)	ret
kalksteen (de)	चूना पत्थर (m)	chūna patthar
grind (het)	बजरी (f)	bajarī
veen (het)	पीट (m)	pīt
klei (de)	मिट्टी (f)	mittī
steenkool (de)	कोयला (m)	koyala
IJzer (het)	लोहा (m)	loha
goud (het)	सोना (m)	sona
zilver (het)	चाँदी (f)	chāndī
nikkel (het)	गिलट (m)	gilat
koper (het)	ताँबा (m)	tānba
zink (het)	जस्ता (m)	jasta
mangaan (het)	अयस (m)	ayas
kwik (het)	पारा (f)	pāra
lood (het)	सीसा (f)	sīsa
mineraal (het)	खनिज (m)	khanij
kristal (het)	क्रिस्टल (m)	kristal
marmer (het)	संगमरमर (m)	sangamaramar
uraan (het)	यूरेनियम (m)	yūreniyam

85. Weer

weer (het)	मौसम (m)	mausam
weersvoorspelling (de)	मौसम का पूर्वानुमान (m)	mausam ka pūrvānumān
temperatuur (de)	तापमान (m)	tāpamān
thermometer (de)	थर्मामीटर (m)	tharmāmītar
barometer (de)	बैरोमीटर (m)	bairomītar
vochtigheid (de)	नमी (f)	namī
hitte (de)	गरमी (f)	garamī
heet (bn)	गरम	garam
het is heet	गरमी है	garamī hai
het is warm	गरम है	garam hai
warm (bn)	गरम	garam
het is koud	ठंडक है	thandak hai
koud (bn)	ठंडा	thanda
zon (de)	सूरज (m)	sūraj
schijnen (de zon)	चमकना	chamakana
zonnig (~e dag)	धूपदार	dhūpadār
opgaan (ov. de zon)	उगना	ugana
ondergaan (ww)	डूबना	dūbana
wolk (de)	बादल (m)	bādal
bewolkt (bn)	मेघाच्छादित	meghāchchhādit

regenwolk (de)	घना बादल (m)	ghana bādal
somber (bn)	बदली	badalī
regen (de)	बारिश (f)	bārish
het regent	बारिश हो रही है	bārish ho rahī hai
regenachtig (bn)	बरसाती	barasātī
motregenen (ww)	बूंदाबांदी होना	būndābāndī hona
plensbui (de)	मूसलधार बारिश (f)	mūsaladhār bārish
stortbui (de)	मूसलधार बारिश (f)	mūsaladhār bārish
hard (bn)	भारी	bhārī
plas (de)	पोखर (m)	pokhar
nat worden (ww)	भीगना	bhīgana
mist (de)	कुहरा (m)	kuhara
mistig (bn)	कुहरेदार	kuharedār
sneeuw (de)	बर्फ़ (f)	barf
het sneeuwt	बर्फ़ पड़ रही है	barf par rahī hai

86. Zwaar weer. Natuurrampen

noodweer (storm)	गरजवाला तुफान (m)	garajavāla tufān
bliksem (de)	बिजली (m)	bijalī
flitsen (ww)	चमकना	chamakana
donder (de)	गरज (m)	garaj
donderen (ww)	बादल गरजना	bādal garajana
het dondert	बादल गरज रहा है	bādal garaj raha hai
hagel (de)	ओला (m)	ola
het hagelt	ओले पड़ रहे हैं	ole par rahe hain
overstromen (ww)	बाढ़ आ जाना	bārh ā jāna
overstroming (de)	बाढ़ (f)	bārh
aardbeving (de)	भूकंप (m)	bhūkamp
aardschok (de)	झटका (m)	jhataka
epicentrum (het)	अधिकेंद्र (m)	adhikendr
uitbarsting (de)	उद्गार (m)	udgār
lava (de)	लावा (m)	lāva
wervelwind (de)	बवंडर (m)	bavandar
windhoos (de)	टोर्नेडो (m)	tornedo
tyfoon (de)	रतूफ़ान (m)	ratūfān
orkaan (de)	समुद्री तूफ़ान (m)	samudrī tūfān
storm (de)	तुफ़ान (m)	tufān
tsunami (de)	सुनामी (f)	sunāmī
cycloon (de)	चक्रवात (m)	chakravāt
onweer (het)	ख़राब मौसम (m)	kharāb mausam
brand (de)	आग (f)	āg
ramp (de)	प्रलय (m)	pralay

meteoriet (de)	उल्का पिंड (m)	ulka pind
lawine (de)	हिमस्खलन (m)	himaskhalan
sneeuwverschuiving (de)	हिमस्खलन (m)	himaskhalan
sneeuwjacht (de)	बर्फ़ का तुफ़ान (m)	barf ka tufān
sneeuwstorm (de)	बर्फ़ीला तुफ़ान (m)	barfila tufān

FAUNA

87. Zoogdieren. Roofdieren

roofdier (het)	परभक्षी (m)	parabhakshī
tijger (de)	बाघ (m)	bāgh
leeuw (de)	शेर (m)	sher
wolf (de)	भेड़िया (m)	bheriya
vos (de)	लोमड़ी (f)	lomri
jaguar (de)	जागुआर (m)	jāguār
luipaard (de)	तेंदुआ (m)	tendua
jachtluipaard (de)	चीता (m)	chīta
panter (de)	काला तेंदुआ (m)	kāla tendua
poema (de)	पहाड़ी बिलाव (m)	pahādī bilāv
sneeuwluipaard (de)	हिम तेंदुआ (m)	him tendua
lynx (de)	वन बिलाव (m)	van bilāv
coyote (de)	कोयोट (m)	koyot
jakhals (de)	गीदड़ (m)	gīdar
hyena (de)	लकड़बग्घा (m)	lakarabaggha

88. Wilde dieren

dier (het)	जानवर (m)	jānavar
beest (het)	जानवर (m)	jānavar
eekhoorn (de)	गिलहरी (f)	gilaharī
egel (de)	कांटा-चूहा (m)	kānta-chūha
haas (de)	खरगोश (m)	kharagosh
konijn (het)	खरगोश (m)	kharagosh
das (de)	बिज्जू (m)	bijjū
wasbeer (de)	रैकून (m)	raikūn
hamster (de)	हैम्स्टर (m)	haimstar
marmot (de)	मारमोट (m)	māramot
mol (de)	छछूंदर (m)	chhachhūndar
muis (de)	चूहा (m)	chūha
rat (de)	घूस (m)	ghūs
vleermuis (de)	चमगादड़ (m)	chamagādar
hermelijn (de)	नेवला (m)	nevala
sabeldier (het)	सेबल (m)	sebal
marter (de)	मारटेन (m)	māraten
wezel (de)	नेवला (m)	nevala
nerts (de)	मिंक (m)	mink

bever (de)	ऊदबिलाव (m)	ūdabilāv
otter (de)	ऊदबिलाव (m)	ūdabilāv
paard (het)	घोड़ा (m)	ghora
eland (de)	मूस (m)	mūs
hert (het)	हिरण (m)	hiran
kameel (de)	ऊंट (m)	ūnt
bizon (de)	बाइसन (m)	baisan
oeros (de)	जंगली बैल (m)	jangalī bail
buffel (de)	भैंस (m)	bhains
zebra (de)	ज़ेबरा (m)	zebara
antilope (de)	मृग (f)	mrg
ree (de)	मृग्नी (f)	mrgnī
damhert (het)	चीतल (m)	chītal
gems (de)	शैमी (f)	shaimī
everzwijn (het)	जंगली सुअर (m)	jangalī suār
walvis (de)	ह्वेल (f)	hvel
rob (de)	सील (m)	sīl
walrus (de)	वॉलरस (m)	volaras
zeehond (de)	फर सील (f)	far sīl
dolfijn (de)	डॉलफ़िन (f)	dolafin
beer (de)	रीछ (m)	rīchh
IJsbeer (de)	सफ़ेद रीछ (m)	safed rīchh
panda (de)	पांडा (m)	pānda
aap (de)	बंदर (m)	bandar
chimpansee (de)	वनमानुष (m)	vanamānush
orang-oetan (de)	वनमानुष (m)	vanamānush
gorilla (de)	गोरिला (m)	gorila
makaak (de)	अफ्रीकिन लंगूर (m)	afrikan langūr
gibbon (de)	गिब्बन (m)	gibban
olifant (de)	हाथी (m)	hāthī
neushoorn (de)	गैंडा (m)	gainda
giraffe (de)	जिराफ़ (m)	jirāf
nijlpaard (het)	दरियाई घोड़ा (m)	dariyaī ghora
kangoeroe (de)	कंगारू (m)	kangārū
koala (de)	कोआला (m)	koāla
mangoest (de)	नेवला (m)	nevala
chinchilla (de)	चिनचीला (f)	chinachīla
stinkdier (het)	स्कंक (m)	skank
stekelvarken (het)	शल्यक (f)	shalyak

89. Huisdieren

poes (de)	बिल्ली (f)	billī
kater (de)	बिल्ला (m)	billa
hond (de)	कुत्ता (m)	kutta

paard (het)	घोड़ा (m)	ghora
hengst (de)	घोड़ा (m)	ghora
merrie (de)	घोड़ी (f)	ghorī
koe (de)	गाय (f)	gāy
stier (de)	बैल (m)	bail
os (de)	बैल (m)	bail
schaap (het)	भेड़ (f)	bher
ram (de)	भेड़ा (m)	bhera
geit (de)	बकरी (f)	bakarī
bok (de)	बकरा (m)	bakara
ezel (de)	गधा (m)	gadha
muilezel (de)	खच्चर (m)	khachchar
varken (het)	सुअर (m)	suar
biggetje (het)	घेंटा (m)	ghenta
konijn (het)	खरगोश (m)	kharagosh
kip (de)	मुर्गी (f)	murgī
haan (de)	मुर्गा (m)	murga
eend (de)	बत्तख़ (f)	battakh
woerd (de)	नर बत्तख़ (m)	nar battakh
gans (de)	हंस (m)	hans
kalkoen haan (de)	नर टर्की (m)	nar tarkī
kalkoen (de)	टर्की (f)	tarkī
huisdieren (mv.)	घरेलू पशु (m pl)	gharelū pashu
tam (bijv. hamster)	पालतू	pālatū
temmen (tam maken)	पालतू बनाना	pālatū banāna
fokken (bijv. paarden ~)	पालना	pālana
boerderij (de)	खेत (m)	khet
gevogelte (het)	मुर्गी पालन (f)	murgī pālan
rundvee (het)	मवेशी (m)	maveshī
kudde (de)	पशु समूह (m)	pashu samūh
paardenstal (de)	अस्तबल (m)	astabal
zwijnenstal (de)	सूअरखाना (m)	sūarakhāna
koeienstal (de)	गोशाला (f)	goshāla
konijnenhok (het)	खरगोश का दरबा (m)	kharagosh ka daraba
kippenhok (het)	मुर्गीखाना (m)	murgīkhāna

90. Vogels

vogel (de)	चिड़िया (f)	chiriya
duif (de)	कबूतर (m)	kabūtar
mus (de)	गौरैया (f)	gauraiya
koolmees (de)	टिटरी (f)	titarī
ekster (de)	नीलकण्ठ पक्षी (f)	nīlakanth pakshī
raaf (de)	काला कौआ (m)	kāla kaua

kraai (de)	कौआ (m)	kaua
kauw (de)	कौआ (m)	kaua
roek (de)	कौआ (m)	kaua
eend (de)	बत्तख़ (f)	battakh
gans (de)	हंस (m)	hans
fazant (de)	तीतर (m)	tītar
arend (de)	चील (f)	chīl
havik (de)	बाज़ (m)	bāz
valk (de)	बाज़ (m)	bāz
gier (de)	गिद्ध (m)	giddh
condor (de)	कॉन्डोर (m)	kondor
zwaan (de)	राजहंस (m)	rājahans
kraanvogel (de)	सारस (m)	sāras
ooievaar (de)	लकलक (m)	lakalak
papegaai (de)	तोता (m)	tota
kolibrie (de)	हमिंग बर्ड (f)	haming bard
pauw (de)	मोर (m)	mor
struisvogel (de)	शुतुरमुर्ग (m)	shuturamurg
reiger (de)	बगुला (m)	bagula
flamingo (de)	फ़्लेमिन्गो (m)	flemingo
pelikaan (de)	हवासिल (m)	havāsil
nachtegaal (de)	बुलबुल (m)	bulabul
zwaluw (de)	अबाबील (f)	abābīl
lijster (de)	मुखव्रण (f)	mukhavran
zanglijster (de)	मुखव्रण (f)	mukhavran
merel (de)	ब्लैकबर्ड (m)	blaikabard
gierzwaluw (de)	बतासी (f)	batāsī
leeuwerik (de)	भरत (m)	bharat
kwartel (de)	वर्त्तक (m)	varttak
specht (de)	कठफोड़ा (m)	kathafora
koekoek (de)	कोयल (f)	koyal
uil (de)	उल्लू (m)	ullū
oehoe (de)	गरूड़ उल्लू (m)	garūr ullū
auerhoen (het)	तीतर (m)	tītar
korhoen (het)	काला तीतर (m)	kāla tītar
patrijs (de)	चकोर (m)	chakor
spreeuw (de)	तिलिया (f)	tiliya
kanarie (de)	कनारी (f)	kanārī
hazelhoen (het)	पिंगल तीतर (m)	pingal tītar
vink (de)	फ़िंच (m)	finch
goudvink (de)	बुलफ़िंच (m)	bulafinch
meeuw (de)	गंगा-चिल्ली (f)	ganga-chillī
albatros (de)	अल्बात्रोस (m)	albātros
pinguïn (de)	पेंगुइन (m)	penguin

91. Vis. Zeedieren

brasem (de)	ब्रीम (f)	brīm
karper (de)	कार्प (f)	kārp
baars (de)	पर्च (f)	parch
meerval (de)	कैटफ़िश (f)	kaitafish
snoek (de)	पाइक (f)	paik
zalm (de)	सैल्मन (f)	sailman
steur (de)	स्टर्जन (f)	starjan
haring (de)	हेरिंग (f)	hering
atlantische zalm (de)	अटलांटिक सैल्मन (f)	atalāntik sailman
makreel (de)	माक्रैल (f)	mākrail
platvis (de)	फ़्लैटफ़िश (f)	flaitafish
snoekbaars (de)	पाइक पर्च (f)	paik parch
kabeljauw (de)	कॉड (f)	kod
tonijn (de)	टूना (f)	tūna
forel (de)	ट्राउट (f)	traut
paling (de)	सर्पमीन (f)	sarpamīn
sidderrog (de)	विद्युत शंकुश (f)	vidyut shankush
murene (de)	मोरे सर्पमीन (f)	more sarpamīn
piranha (de)	पिरान्हा (f)	pirānha
haai (de)	शार्क (f)	shārk
dolfijn (de)	डॉलफ़िन (f)	dolafin
walvis (de)	ह्वेल (f)	hvel
krab (de)	केकड़ा (m)	kekara
kwal (de)	जेली फ़िश (f)	jelī fish
octopus (de)	आक्टोपस (m)	āktopas
zeester (de)	स्टार फ़िश (f)	stār fish
zee-egel (de)	जलसाही (f)	jalasāhī
zeepaardje (het)	समुद्री घोड़ा (m)	samudrī ghora
oester (de)	कस्तूरा (m)	kastūra
garnaal (de)	झींगा (f)	jhīnga
kreeft (de)	लॉब्सटर (m)	lobsatar
langoest (de)	स्पाइनी लॉब्सटर (m)	spainī lobsatar

92. Amfibieën. Reptielen

slang (de)	सर्प (m)	sarp
giftig (slang)	विषैला	vishaila
adder (de)	वाइपर (m)	vaipar
cobra (de)	नाग (m)	nāg
python (de)	अजगर (m)	ajagar
boa (de)	अजगर (m)	ajagar
ringslang (de)	साँप (f)	sānp

ratelslang (de)	रैटल सर्प (m)	raital sarp
anaconda (de)	एनाकोन्डा (f)	enākonda
hagedis (de)	छिपकली (f)	chhipakalī
leguaan (de)	इग्यूएना (m)	igyūena
varaan (de)	मॉनिटर छिपकली (f)	monitar chhipakalī
salamander (de)	सैलामैंडर (m)	sailāmaindar
kameleon (de)	गिरगिट (m)	giragit
schorpioen (de)	वृश्चिक (m)	vrshchik
schildpad (de)	कछुआ (m)	kachhua
kikker (de)	मेंढक (m)	mendhak
pad (de)	भेक (m)	bhek
krokodil (de)	मगर (m)	magar

93. Insecten

insect (het)	कीट (m)	kīt
vlinder (de)	तितली (f)	titalī
mier (de)	चींटी (f)	chīntī
vlieg (de)	मक्खी (f)	makkhī
mug (de)	मच्छर (m)	machchhar
kever (de)	भृंग (m)	bhrng
wesp (de)	हड्डा (m)	hadda
bij (de)	मधुमक्खी (f)	madhumakkhī
hommel (de)	भंवरा (m)	bhanvara
horzel (de)	गोमक्खी (f)	gomakkhī
spin (de)	मकड़ी (f)	makarī
spinnenweb (het)	मकड़ी का जाल (m)	makarī ka jāl
libel (de)	व्याध-पतंग (m)	vyādh-patang
sprinkhaan (de)	टिड्डा (m)	tidda
nachtvlinder (de)	पतंगा (m)	patanga
kakkerlak (de)	तिलचट्टा (m)	tilachatta
mijt (de)	जुँआ (m)	juna
vlo (de)	पिस्सू (m)	pissū
kriebelmug (de)	भुनगा (m)	bhunaga
treksprinkhaan (de)	टिड्डी (f)	tiddī
slak (de)	घोंघा (m)	ghongha
krekel (de)	झींगुर (m)	jhīngur
glimworm (de)	जुगनू (m)	juganū
lieveheersbeestje (het)	सोनपंखी (f)	sonapankhī
meikever (de)	कोकचाफ़ (m)	kokachāf
bloedzuiger (de)	जोक (m)	jok
rups (de)	इल्ली (f)	illī
aardworm (de)	केंचुआ (m)	kenchua
larve (de)	कीटडिंभ (m)	kītadimbh

FLORA

94. Bomen

boom (de)	पेड़ (m)	per
loof- (abn)	पर्णपाती	parnapātī
dennen- (abn)	शंकुधर	shankudhar
groenblijvend (bn)	सदाबहार	sadābahār
appelboom (de)	सेब वृक्ष (m)	seb vrksh
perenboom (de)	नाश्पाती का पेड़ (m)	nāshpātī ka per
kers (de)	चेरी का पेड़ (f)	cherī ka per
pruimelaar (de)	आलूबुख़ारे का पेड़ (m)	ālūbukhāre ka per
berk (de)	सनोबर का पेड़ (m)	sanobar ka per
eik (de)	बलूत (m)	balūt
linde (de)	लिनडेन वृक्ष (m)	linaden vrksh
esp (de)	आस्पेन वृक्ष (m)	āspen vrksh
esdoorn (de)	मेपल (m)	mepal
spar (de)	फर का पेड़ (m)	far ka per
den (de)	देवदार (m)	devadār
lariks (de)	लार्च (m)	lārch
zilverspar (de)	फर (m)	far
ceder (de)	देवदर (m)	devadar
populier (de)	पोप्लर वृक्ष (m)	poplar vrksh
lijsterbes (de)	रोवाण (m)	rovān
wilg (de)	विलो (f)	vilo
els (de)	आल्डर वृक्ष (m)	āldar vrksh
beuk (de)	बीच (m)	bīch
iep (de)	एल्म वृक्ष (m)	elm vrksh
es (de)	एश-वृक्ष (m)	esh-vrksh
kastanje (de)	चेस्टनट (m)	chestanat
magnolia (de)	मैगनोलिया (f)	maiganoliya
palm (de)	ताड़ का पेड़ (m)	tār ka per
cipres (de)	सरो (m)	saro
mangrove (de)	मैनग्रोव (m)	mainagrov
baobab (apenbroodboom)	गोरक्षी (m)	gorakshī
eucalyptus (de)	यूकेलिप्टस (m)	yūkeliptas
mammoetboom (de)	सेकोइया (f)	sekoiya

95. Heesters

struik (de)	झाड़ी (f)	jhārī
heester (de)	झाड़ी (f)	jhārī

wijnstok (de)	अंगूर की बेल (f)	angūr kī bel
wijngaard (de)	अंगूर का बाग़ (m)	angūr ka bāg
frambozenstruik (de)	रास्पबेरी की झाड़ी (f)	rāspaberī kī jhārī
rode bessenstruik (de)	लाल करेंट की झाड़ी (f)	lāl karent kī jhārī
kruisbessenstruik (de)	गूज़बेरी की झाड़ी (f)	gūzaberī kī jhārī
acacia (de)	ऐकेशिय (m)	aikeshiy
zuurbes (de)	बारबेरी झाड़ी (f)	bāraberī jhārī
jasmijn (de)	चमेली (f)	chamelī
jeneverbes (de)	जूनिपर (m)	jūnipar
rozenstruik (de)	गुलाब की झाड़ी (f)	gulāb kī jhārī
hondsroos (de)	जंगली गुलाब (m)	jangalī gulāb

96. Vruchten. Bessen

vrucht (de)	फल (m)	fal
vruchten (mv.)	फल (m pl)	fal
appel (de)	सेब (m)	seb
peer (de)	नाश्पाती (f)	nāshpātī
pruim (de)	आलूबुखारा (m)	ālūbukhāra
aardbei (de)	स्ट्रॉबेरी (f)	stroberī
kers (de)	चेरी (f)	cherī
druif (de)	अंगूर (m)	angūr
framboos (de)	रास्पबेरी (f)	rāspaberī
zwarte bes (de)	काली करेंट (f)	kālī karent
rode bes (de)	लाल करेंट (f)	lāl karent
kruisbes (de)	गूज़बेरी (f)	gūzaberī
veenbes (de)	क्रेनबेरी (f)	krenaberī
sinaasappel (de)	संतरा (m)	santara
mandarijn (de)	नारंगी (f)	nārangī
ananas (de)	अनानास (m)	anānās
banaan (de)	केला (m)	kela
dadel (de)	खजूर (m)	khajūr
citroen (de)	नींबू (m)	nīmbū
abrikoos (de)	खूबानी (f)	khūbānī
perzik (de)	आड़ू (m)	ārū
kiwi (de)	चीकू (m)	chīkū
grapefruit (de)	ग्रेपफ्रूट (m)	grepafrūt
bes (de)	बेरी (f)	berī
bessen (mv.)	बेरियां (f pl)	beriyān
vossenbes (de)	काओबेरी (f)	kaoberī
bosaardbei (de)	जंगली स्ट्रॉबेरी (f)	jangalī stroberī
bosbes (de)	बिलबेरी (f)	bilaberī

97. Bloemen. Planten

bloem (de)	फूल (m)	fūl
boeket (het)	गुलदस्ता (m)	guladasta
roos (de)	गुलाब (f)	gulāb
tulp (de)	ट्यूलिप (m)	tyūlip
anjer (de)	गुलनार (m)	gulanār
gladiool (de)	ग्लेडियोलस (m)	glediyolas
korenbloem (de)	नीलकूपी (m)	nīlakūpī
klokje (het)	ब्लूबेल (m)	blūbel
paardenbloem (de)	कुकरौंधा (m)	kukaraundha
kamille (de)	कैमोमाइल (m)	kaimomail
aloë (de)	मुसब्बर (m)	musabbar
cactus (de)	कैक्टस (m)	kaiktas
ficus (de)	रबड़ का पौधा (m)	rabar ka paudha
lelie (de)	कुमुदिनी (f)	kumudinī
geranium (de)	जेरेनियम (m)	jeraniyam
hyacint (de)	हायसिंथ (m)	hāyasinth
mimosa (de)	मिमोसा (m)	mimosa
narcis (de)	नरगिस (f)	naragis
Oostindische kers (de)	नस्टाशयम (m)	nastāshayam
orchidee (de)	आर्किड (m)	ārkid
pioenroos (de)	पियोनी (m)	piyonī
viooltje (het)	वॉयलेट (m)	voyalet
driekleurig viooltje (het)	पैंज़ी (m pl)	painzī
vergeet-mij-nietje (het)	फर्गेट मी नाट (m)	fargent mī nāt
madeliefje (het)	गुलबहार (f)	gulabahār
papaver (de)	खशखाश (m)	khashakhāsh
hennep (de)	भांग (f)	bhāng
munt (de)	पुदीना (m)	pudīna
lelietje-van-dalen (het)	कामुदिनी (f)	kāmudinī
sneeuwklokje (het)	सफ़ेद फूल (m)	safed fūl
brandnetel (de)	बिच्छू बूटी (f)	bichchhū būtī
veldzuring (de)	सोरेल (m)	sorel
waterlelie (de)	कुमुदिनी (f)	kumudinī
varen (de)	फर्न (m)	farn
korstmos (het)	शैवाक (m)	shaivāk
oranjerie (de)	शीशाघर (m)	shīshāghar
gazon (het)	घास का मैदान (m)	ghās ka maidān
bloemperk (het)	फुलवारी (f)	fulavārī
plant (de)	पौधा (m)	paudha
gras (het)	घास (f)	ghās
grasspriet (de)	तिनका (m)	tinaka

blad (het)	पत्ती (f)	pattī
bloemblad (het)	पंखड़ी (f)	pankharī
stengel (de)	डंडी (f)	dandī
knol (de)	कंद (m)	kand
scheut (de)	अंकुर (m)	ankur
doorn (de)	काँटा (m)	kānta
bloeien (ww)	खिलना	khilana
verwelken (ww)	मुरझाना	murajhāna
geur (de)	बू (m)	bū
snijden (bijv. bloemen ~)	काटना	kātana
plukken (bloemen ~)	तोड़ना	torana

98. Granen, graankorrels

graan (het)	दाना (m)	dāna
graangewassen (mv.)	अनाज की फ़सलें (m pl)	anāj kī fasalen
aar (de)	बाल (f)	bāl
tarwe (de)	गेहूं (m)	gehūn
rogge (de)	रई (f)	raī
haver (de)	जई (f)	jaī
gierst (de)	बाजरा (m)	bājara
gerst (de)	जौ (m)	jau
maïs (de)	मक्का (m)	makka
rijst (de)	चावल (m)	chāval
boekweit (de)	मोथी (m)	mothī
erwt (de)	मटर (m)	matar
boon (de)	राजमा (f)	rājama
soja (de)	सोया (m)	soya
linze (de)	दाल (m)	dāl
bonen (mv.)	फली (f pl)	falī

LANDEN VAN DE WERELD

99. Landen. Deel 1

Afghanistan (het)	अफ़ग़ानिस्तान (m)	afagānistān
Albanië (het)	अल्बानिया (m)	albāniya
Argentinië (het)	अर्जेंटीना (m)	arjentīna
Armenië (het)	आर्मीनिया (m)	ārmīniya
Australië (het)	आस्ट्रेलिया (m)	āstreliya
Azerbeidzjan (het)	आज़रबाइजान (m)	āzarabaijān
Bahama's (mv.)	बहामा (m)	bahāma
Bangladesh (het)	बांग्लादेश (m)	bāngládesh
België (het)	बेल्जियम (m)	beljiyam
Bolivia (het)	बोलीविया (m)	bolīviya
Bosnië en Herzegovina (het)	बोस्निया और हर्ज़ेगोविना	bosniya aur harzegovina
Brazilië (het)	ब्राज़ील (m)	brāzīl
Bulgarije (het)	बुल्गारिया (m)	bulgāriya
Cambodja (het)	कम्बोडिया (m)	kambodiya
Canada (het)	कनाडा (m)	kanāda
Chili (het)	चिली (m)	chilī
China (het)	चीन (m)	chīn
Colombia (het)	कोलम्बिया (m)	kolambiya
Cuba (het)	क्यूबा (m)	kyūba
Cyprus (het)	साइप्रस (m)	saipras
Denemarken (het)	डेन्मार्क (m)	denmārk
Dominicaanse Republiek (de)	डोमिनिकन रिपब्लिक (m)	dominikan ripablik
Duitsland (het)	जर्मन (m)	jarman
Ecuador (het)	इक्वेडोर (m)	ikvedor
Egypte (het)	मिस्र (m)	misr
Engeland (het)	इंग्लैंड (m)	inglaind
Estland (het)	एस्तोनिया (m)	estoniya
Finland (het)	फ़िनलैंड (m)	finalaind
Frankrijk (het)	फ्रांस (m)	frāns
Frans-Polynesië	फ्रेंच पॉलीनेशिया (m)	french polīneshiya
Georgië (het)	जॉर्जिया (m)	jorjiya
Ghana (het)	घाना (m)	ghāna
Griekenland (het)	ग्रीस (m)	grīs
Groot-Brittannië (het)	ग्रेट ब्रिटेन (m)	gret briten
Haïti (het)	हाइटी (m)	haitī
Hongarije (het)	हंगरी (m)	hangarī
Ierland (het)	आयरलैंड (m)	āyaralaind
IJsland (het)	आयसलैंड (m)	āyasalaind
India (het)	भारत (m)	bhārat
Indonesië (het)	इण्डोनेशिया (m)	indoneshiya

Irak (het)	इराक़ (m)	irāq
Iran (het)	इरान (m)	irān
Israël (het)	इस्रायल (m)	isrāyal
Italië (het)	इटली (m)	italī

100. Landen. Deel 2

Jamaica (het)	जमैका (m)	jamaika
Japan (het)	जापान (m)	jāpān
Jordanië (het)	जॉर्डन (m)	jordan
Kazakstan (het)	कज़ाकस्तान (m)	kazākastān
Kenia (het)	केन्या (m)	kenya
Kirgizië (het)	किर्गीज़िया (m)	kirgīziya
Koeweit (het)	कुवैत (m)	kuvait
Kroatië (het)	क्रोएशिया (m)	kroeshiya
Laos (het)	लाओस (m)	laos
Letland (het)	लाटविया (m)	lātaviya
Libanon (het)	लेबनान (m)	lebanān
Libië (het)	लीबिया (m)	lībiya
Liechtenstein (het)	लिकटेंस्टीन (m)	likatenstīn
Litouwen (het)	लिथुआनिया (m)	lithuāniya
Luxemburg (het)	लक्ज़मबर्ग (m)	lakzamabarg
Macedonië (het)	मेसेडोनिया (m)	mesedoniya
Madagaskar (het)	मडागास्कार (m)	madāgāskār
Maleisië (het)	मलेशिया (m)	maleshiya
Malta (het)	माल्टा (m)	mālta
Marokko (het)	मोरक्को (m)	morakko
Mexico (het)	मेक्सिको (m)	meksiko
Moldavië (het)	मोलदोवा (m)	moladova
Monaco (het)	मोनाको (m)	monāko
Mongolië (het)	मंगोलिया (m)	mangoliya
Montenegro (het)	मोंटेनेग्रो (m)	montenegro
Myanmar (het)	म्यांमर (m)	myāmmar
Namibië (het)	नामीबिया (m)	nāmībiya
Nederland (het)	नीदरलैंड्स (m)	nīdaralainds
Nepal (het)	नेपाल (m)	nepāl
Nieuw-Zeeland (het)	न्यू ज़ीलैंड (m)	nyū zīlaind
Noord-Korea (het)	उत्तर कोरिया (m)	uttar koriya
Noorwegen (het)	नार्वे (m)	nārve
Oekraïne (het)	यूक्रेन (m)	yūkren
Oezbekistan (het)	उज़्बेकिस्तान (m)	uzbekistān
Oostenrijk (het)	ऑस्ट्रिया (m)	ostriya

101. Landen. Deel 3

Pakistan (het)	पाकिस्तान (m)	pākistān
Palestijnse autonomie (de)	फिलिस्तीन (m)	filistīn
Panama (het)	पनामा (m)	panāma

Paraguay (het)	परागुआ (m)	parāgua
Peru (het)	पेरू (m)	perū
Polen (het)	पोलैंड (m)	polaind
Portugal (het)	पुर्तगाल (m)	purtagāl
Roemenië (het)	रोमानिया (m)	romāniya
Rusland (het)	रूस (m)	rūs
Saoedi-Arabië (het)	सऊदी अरब (m)	saūdī arab
Schotland (het)	स्कॉटलैंड (m)	skotalaind
Senegal (het)	सेनेगाल (m)	senegāl
Servië (het)	सर्बिया (m)	sarbiya
Slovenië (het)	स्लोवेनिया (m)	sloveniya
Slowakije (het)	स्लोवाकिया (m)	slovākiya
Spanje (het)	स्पेन (m)	spen
Suriname (het)	सूरीनाम (m)	sūrīnām
Syrië (het)	सीरिया (m)	sīriya
Tadzjikistan (het)	ताजिकिस्तान (m)	tājikistān
Taiwan (het)	ताइवान (m)	taivān
Tanzania (het)	तंज़ानिया (m)	tanzāniya
Tasmanië (het)	तास्मानिया (m)	tāsmāniya
Thailand (het)	थाईलैंड (m)	thaīlaind
Tsjechië (het)	चेक गणतंत्र (m)	chek ganatantr
Tunesië (het)	ट्युनीसिया (m)	tyunīsiya
Turkije (het)	तुर्की (m)	turkī
Turkmenistan (het)	तुर्कमानिस्तान (m)	turkamānistān
Uruguay (het)	उरुग्वे (m)	urugve
Vaticaanstad (de)	वेटिकन (m)	vetikan
Venezuela (het)	वेनेज़ुएला (m)	venezuela
Verenigde Arabische Emiraten	संयुक्त अरब अमीरात (m)	sanyukt arab amīrāt
Verenigde Staten van Amerika	संयुक्त राज्य अमरीका (m)	sanyukt rājy amarīka
Vietnam (het)	वियतनाम (m)	viyatanām
Wit-Rusland (het)	बेलारूस (m)	belārūs
Zanzibar (het)	ज़ैंज़िबार (m)	zainzibār
Zuid-Afrika (het)	दक्षिण अफ़्रीका (m)	dakshin afrīka
Zuid-Korea (het)	दक्षिण कोरिया (m)	dakshin koriya
Zweden (het)	स्वीडन (m)	svīdan
Zwitserland (het)	स्विट्ज़रलैंड (m)	svitzaralaind

www.ingramcontent.com/pod-product-compliance
Lightning Source LLC
Chambersburg PA
CBHW071502070426
42452CB00041B/2130

* 9 7 8 1 7 8 6 1 6 5 5 2 7 *